窓口業務のすすめ

Q&A
外国人住民基本台帳事務

市町村自治研究会 編著

はしがき

　外国人住民が，住民基本台帳法の適用対象に加わった「住民基本台帳法の一部を改正する法律」（平成21年法律第77号）が，平成24年7月9日に施行され，およそ5年8か月が経過しました。

　また，外国人住民に対する住民基本台帳ネットワークシステム関係に関しては，平成25年7月8日に運用が開始されてから，およそ4年8か月が経過しています。

　外国人住民に係る住民基本台帳制度は，基本的に日本人の取扱いと同様ですが，外国人住民特有の届出手続や記載事項もあり，また，外国人の在留管理制度を所管する法務省入国管理局との関連事項についても理解する必要があることから，施行から数年経過した今日においても，市町村窓口における日々の事務処理に当たっては，疑問点や不明点もあるものと思います。

　本書は，外国人住民基本台帳事務について，これに携わる実務担当者に向けて，これまで問い合わせがなされた具体事例を中心に，質疑応答（Q&A）形式で，できるだけポイントや根拠等を示しながら解説したものです。また，外国人住民基本台帳事務と車の両輪に例えられる外国人の入国・在留管理業務についても取り上げています。

　本書が，外国人住民基本台帳事務に携わる方々にとって執務の参考となり，ひいては，住民基本台帳制度の適正かつ円滑な運営に資することになれば幸いです。

　　平成30年3月

　　　　　　　　　　　　　　　　　　　　　　　　編　　　者

凡　例

【主な法令名等の略語】

住基法	住民基本台帳法（昭和42年法律第81号）
平成21年改正住基法	住民基本台帳法の一部を改正する法律（平成21年法律第77号）
施行令	住民基本台帳法施行令（昭和42年政令第292号）
施行規則	住民基本台帳法施行規則（平成11年自治省令第35号）
事務処理要領	住民基本台帳事務処理要領（昭和42年10月4日法務省民事甲第2671号・保発第39号・庁保発第22号・42食糧業第2668号（需給）・自治振第150号通知）
仮住民票事務処理要項	「仮住民票に関する事務について」平成24年2月10日総行住第19号通知
入管法	出入国管理及び難民認定法（昭和26年政令第319号）
入管特例法	日本国との平和条約に基づき日本の国籍を離脱した者等の出入国管理に関する特例法（平成3年法律第71号）
平成21年改正入管法	出入国管理及び難民認定法及び日本国との平和条約に基づき日本の国籍を離脱した者等の出入国管理に関する特例法の一部を改正する等の法律（平成21年法律第79号）
外登法	外国人登録法（昭和27年法律第125号。平成21年改正入管法第4条により廃止）
入管法施行令	出入国管理及び難民認定法施行令（平成10年政

凡　例

	令第 178 号）
入管特例法施行令	日本国との平和条約に基づき日本の国籍を離脱した者等の出入国管理に関する特例法施行令（平成23年政令第420号）
入管法施行規則	出入国管理及び難民認定法施行規則（昭和56年法務省令第54号）
入管特例法施行規則	日本国との平和条約に基づき日本の国籍を離脱した者等の出入国管理に関する特例法施行規則（平成23年法務省令第44号）
漢字告示	在留カード等に係る漢字氏名の表記等に関する告示（平成23年法務省告示第582号）
在留カード	入管法第19条の3に規定する在留カード
特別永住者証明書	入管特例法第7条第1項に規定する特別永住者証明書（みなし特別永住者証明書を含まない。）
在留カード等	在留カード，特別永住者証明書，一時庇護許可書及び仮滞在許可書
外国人登録証明書	外登法第5条第1項に規定されていた外国人登録証明書
登録原票	外登法第4条に規定されていた外国人登録原票
中長期在留者等	中長期在留者，特別永住者，一時庇護許可者，仮滞在許可者及び経過滞在者
経過滞在者	住基法第30条の45の表の上欄に定める経過滞在者
法務省通知	住基法第30条の50の規定による法務大臣から市町村長への通知
市町村通知	入管法第61条の8の2の規定による市町村長から法務大臣への通知及び入管特例法施行令第2条の規定による市町村長から法務大臣への通知

凡　例

市町村伝達	入管法施行令第2条及び入管特例法施行令第3条の規定による市町村長から法務大臣への伝達
市町村通知等	市町村通知及び市町村伝達
住民票の写し等	住民票の写し及び住民票記載事項証明書
法務省	法務省入国管理局
地方入国管理官署	地方入国管理局，支局及び出張所
発行拠点	東京入国管理局在留管理情報部門おだいば分室
戸籍法	戸籍法（昭和22年法律第224号）
国籍法	国籍法（昭和25年法律第147号）

目　　次

第1　Q&A

住民票の作成対象者 ─────────────────── 3

Q 1　住民基本台帳制度の対象となる外国人は，どのような人ですか。………………………………………………………………… 3

Q 2　4つに区分されている資格要件は，それぞれどういったものですか。……………………………………………………………… 4

Q 3　外国人が国外から入国して住民票が作成されるまでのおおよその流れについて教えてください。………………………… 9

Q 4　「短期滞在」の在留資格を有している外国人が，在留期間更新許可を受けたことにより，当該在留資格のまま3月を超えて滞在している場合，住民票は作成できますか。…………… 12

Q 5　「外交」又は「公用」の在留資格が決定された外国人には，申し出があっても住民票は作成できないと思いますが，なぜ，住民基本台帳制度の対象外となっているのでしょうか。……… 14

Q 6　「短期滞在」の在留資格を有している者や不法滞在者等，自身が住民基本台帳制度の対象外である外国人から，子の出生届が提出された場合，当該子の住民票を作成することはできますか。………………………………………………………… 15

Q 7　出生の日から60日を過ぎた外国人の出生届が提出された場合，どのように対応すればよいでしょうか。……………………… 17

Q 8　父親が在日米軍の構成員で，母親が外国人である場合，当該父母から出生した子について，住民票を作成することはで

目　次

　　　　　きますか。……………………………………………………… *18*

Q 9　　日本と外国の国籍を有する重国籍者の場合，住民票は日本人と外国人住民，どちらで作成したらよいでしょうか。……… *20*

Q 10　日本人として住民票が作成されている者から国籍喪失届が提出されましたが，国籍喪失届の「喪失の年月日」から既に 60 日を経過していた場合，住民票の処理はどのように行いますか。………………………………………………………… *21*

Q 11　日本人の父と外国人の母の間に生まれ日本人として住民票が作成されている子について，親子関係不存在確認の裁判が確定し，当該者に日本国籍がないことが判明しました。そのため，当該者については，戸籍を削除し日本人としての住民票を職権消除することとなりますが，職権で「国籍喪失による経過滞在者」として，住民票を作成することはできますか。………………………………………………………………… *22*

届　出 ———————————————————————— *24*

Q 12　中長期在留者等が国外から転入してきた場合，住基法第何条の届出として受けることとなりますか。………………… *24*

Q 13　住基法第 30 条の 46 に規定している「これに準ずる場合として総務省令で定める場合」とはどのような場合でしょうか。 ……………………………………………………………………… *25*

Q 14　中長期在留者等でない外国人が，住所を定めた後に中長期在留者等となった場合，住基法第何条の届出として受けることとなりますか。……………………………………………… *25*

Q 15　外国人による転入届の特例については，住基法第 30 条の 46 又は第 30 条の 47 に規定されていますが，外国人住民から届出があった際にいずれの条文に該当する届出と判断すればよいか，何かポイントがあれば教えてください。

目　次

　　　また，住基法第30条の46に規定する「総務省令で定める場合」（中長期在留者等が国外から転入した場合に準ずる場合）についても教えてください。……………………………………… ***26***

Q 16　外国人の転入届に関し，住基法第30条の46による届出なのか又は住基法第22条による届出なのか判断に迷う場合があります。例えば，住所を有していたにもかかわらず，届出をせずに住所を転々としていた外国人が転入の届出に来た場合，どちらの届出として受けるべきでしょうか。…………… ***29***

Q 17　A市において不現住が判明したことにより職権で住民票が消除された外国人住民が，住所を定めたとして転入の手続に来庁しています。この場合，住基法第何条の届出として受けることとなりますか。………………………………… ***31***

Q 18　永住者である外国人住民が，不現住により住民票が職権消除された後5年以上国外転出もなく転々とし，その後ある市町村に住所を定め届出があった場合，除票の提出が可能であれば住基法第22条による転入となると思いますが，消除した住民票の保管期間経過等，除票の提出が物理的に不可能な場合は，住基法第22条第1項第7号により住民票を作成するのでしょうか。……………………………………………… ***32***

Q 19　外国人の転入の届出において，届出の内容に疑義がある場合，住民票の記載等の処理はどのようにすればよいでしょうか。………………………………………………………………… ***36***

【住基法第30条の46・第30条の47関連】―――――***37***

Q 20　住基法第30条の46の転入届において，中長期在留者が上陸許可に伴い交付された在留カードを持参していない場合，届出を受理することはできますか。…………………………… ***37***

Q 21　住基法第30条の46の転入届において，在留カードが即時交付されない出入国港で上陸許可を受けたために中長期在留

目　次

　　　者が在留カードを所持していない場合，届出を受理することはできますか。……………………………………………………… *38*

Q 22　国外転出届を行い出国した16歳未満の中長期在留者が，出国中に16歳の誕生日を迎えた後に入国し，住基法第30条の46の届出を行うために来庁しています。当該者の所持する在留カードに記載の在留期間（満了日）は，まだ到来していませんが，誕生日を迎えたことで在留カードの有効期間が過ぎています。この場合，届出を受理することはできますか。……………………………………………………………………………… *40*

Q 23　国外転出の届出を行った上で再入国許可（みなし再入国許可を含む。）により出国した中長期在留者が，その後，再入国し，転出前と同じ住所地に転入する場合，どのように対応すればよいでしょうか。…………………………………… *42*

Q 24　再入国許可により出国した外国人住民が，転出届をしていなかった場合において，当該者が再入国し，出国前の住所地市町村と別の市町村に転入するとき，どのように対応すればよいでしょうか。………………………………………………… *44*

Q 25　中長期在留者として新規入国した外国人がＡ市に住所を定めたものの，Ａ市では転入の届出をせず，その後，Ｂ市に住所を移して転入届を行った場合，Ｂ市では住基法第何条の届出として住民票を作成することとなりますか。………… *45*

Q 26　Ａ市に住所を有していた中長期在留者について，在留期間の経過に係る法務省通知に基づき住民票が消除されました。後日，当該者は改めて中長期在留者となりましたが，Ａ市で住基法第30条の47の届出を行わず，その後，Ｂ市に住所を移して転入届を行った場合，Ｂ市では住基法第何条の届出として住民票を作成することとなりますか。……………………… *46*

Q 27　入国後，いったんＡ市にある研修センターへ滞在し，今般，Ｂ市へ住所を定めたとする中長期在留者の転入届について，

目　次

住基法第何条の届出として住民票を作成することとなりますか。なお，A市では住民票は作成されず，入管法上の住居地の届出のみ行われています。 …………………………… *47*

Q 28　中長期在留者の住民票について，住基法対象外の在留資格に変更された旨の法務省通知に基づき職権で消除しましたが，その後，当該者が同じ住所を有したまま再び中長期在留者となった場合，住基法第何条の届出として住民票を作成することとなりますか。 ……………………………………………… *48*

Q 29　在留資格「短期滞在」の上陸許可を受けて入国した外国人が，当市に居住していたところ，今般，中長期在留者に該当する在留資格への変更許可を受け，在留カードを持参して住基法第30条の47の届出に来庁しています。住民票に記載する「外国人住民となつた年月日」を入国日とすることは可能ですか。 ………………………………………………………… *49*

Q 30　出生による経過滞在者として住民票があった外国人住民について，在留資格を有することなく60日を経過したとの法務省通知に基づき，住民票を消除しました。10日後，当該者は地方入国管理官署で中長期在留者となり在留カードを交付され，その当日に来庁しました。この場合，住民票はどのように作成することとなりますか。 ……………………… *50*

【住基法第22条関連】 ———————————————— *52*

Q 31　外国人住民からの住基法第22条の転入届において，転出証明書は持参していますが，在留カードや特別永住者証明書の提示がない場合，届出を受理することはできますか。 ……… *52*

Q 32　住基法第22条の転入届があった際には，在留カード等の提示を求めていますが，住基法上の届出のみを先に受理し，後日，入管法及び入管特例法上の住居地に係る届出を受理することもあります。このような場合，特に留意する点はあり

目　次

ますか。……………………………………………………………… *53*

Q 33　外国人住民が，住基法第 22 条の転入届を行うために，転出証明書と外国人登録証明書を持参して来庁しています。しかしながら，外国人登録証明書は，一定期間，在留カードとみなされていましたが，平成 27 年 7 月 8 日までに在留カードに切り替えなければならないものと承知しています。当該者は，在留資格「永住者」と記載された外国人登録証明書を提示しています。この場合，転入届を受理し，外国人登録証明書に住居地の記載をしてもよいでしょうか。……………… *55*

Q 34　外国人住民から住基法第 22 条の転入届が提出されました。添付の転出証明書に記載されている在留期間の満了の日が既に経過していますが，当該者の在留カード裏面には「在留期間更新許可申請中」の押印があります。この場合，転入届を受理し，当該者の在留カードに住居地の記載をしてもよいでしょうか。……………………………………………………… *58*

Q 35　中長期在留者の住基法第 22 条の転入届において，転出証明書と在留カードで氏名や在留資格等の記載内容が異なっている場合，住民票の記載事項は，転出証明書と在留カードのどちらに基づいて記載すればよいでしょうか。……………… *60*

Q 36　外国人住民が転入の届出を行うために来庁していますが，在留カードを所持しているものの転出証明書は所持していません。本人によると，2 年前に前住所地を転出したときに届出をせず，その後は住所を定めず転々としていたとのことです。前住所地の市町村に確認したところ，当該者の住民票は不現住により職権消除していたことが判明しました。本件についてはどのように対応すればよいでしょうか。…………… *61*

【住基法第 24 条関連】――――――――――――――――― *62*

Q 37　外国人住民が国外に住所を移す場合，転出の届出をする必

要はありますか。………………………………………………………… *62*

Q 38 外国人住民（中長期在留者）が，転出手続のため来庁しています。当該者の在留カードは在留期間の満了日が既に経過しており，裏面にも，入国管理局において申請中である旨の押印も確認できません。この場合，転出届を受理してよいのでしょうか。…………………………………………………………… *63*

Q 39 「仮滞在許可書」を所持している外国人住民が，転出手続のため窓口に来庁していますが，留意する点はありますか。… *65*

Q 40 ２年前に国外転出の届出を行わずに再入国許可により出国したまま現在に至っている外国人住民について，海外にいる本人の代理人が転出の届出を行うために来庁しました。本件についてはどのように対応すればよいでしょうか。………… *66*

Q 41 中長期在留者の住民票について，在留期間が経過した旨の法務省通知に基づき職権で消除しましたが，その後，当該者から，再び中長期在留者になり別の市に転入の届出をするので，転出証明書を交付してほしいとの請求がありました。どのように対応すればよいでしょうか。……………………… *67*

【住基法第30条の48，第30条の49関連】─────── *68*

Q 42 世帯主でない外国人が転入届等により世帯主（外国人）との続柄を届け出た場合，日本人であれば戸籍の記載により世帯主との続柄を確認できますが，外国人住民についてはどのようにすればよいでしょうか。………………………… *68*

Q 43 住基法第30条の48又は第30条の49に定められている「世帯主との続柄を証する文書」は，原本である必要はありますか。……………………………………………………………… *69*

Q 44 続柄を証する文書を添えた届出において，外国人住民から当該文書の還付を求められた場合，これに応じてよいでしょ

目　次

うか。 ………………………………………………………………… *69*

Q 45　続柄を証する文書が外国語の場合，翻訳者を明らかにした訳文を添付しなければならないとされていますが，どこまで明らかにする必要がありますか。また，訳文の信憑性についてどのように確認すべきでしょうか。 ……………………… *70*

Q 46　世帯主（日本人），妻（外国人），妻の連れ子（外国人）の３人世帯が，国外から転入する場合，妻の連れ子の続柄を「妻の子」と記載するためには，続柄を証する文書は必要でしょうか。 ……………………………………………………………… *71*

Q 47　Ａ市に住む父，母，子の外国人世帯のうち，子がＢ市に転出しましたが，その後，Ａ市の両親の世帯に再び転入し，届出を行った場合，続柄を証する文書が必要でしょうか。 ……… *72*

Q 48　外国人住民の転入の届出等において，続柄を証する文書として住民票の写しが添付された場合，これにより確認できた続柄を住民票に記載してよいでしょうか。 …………………………… *73*

Q 49　転入届の際，続柄を証する文書の提出がなかったことから，世帯主との続柄を縁故者と記載した外国人住民から，後日，続柄を証する文書を持参して，続柄を子としてほしいとの申出がありました。どのように対応すればよいでしょうか。 …… *74*

【その他】 ──────────────────────────── *75*

Q 50　平成21年改正住基法の施行日（平成24年７月９日）以前から現在まで同じ住所地に居住しているものの，仮住民票作成の基準日（平成24年５月７日）の時点で，登録原票上の在留期間が経過していたため仮住民票が作成されなかった外国人について，所持している在留カードと旅券により，実際は入管法上の在留期間更新許可に係る手続を行っており，継続して在留資格を有していたことが確認できました。この場合，住民票はどのように作成することとなりますか。 ………… *75*

目 次

Q 51 3月後半から4月にかけて，国外から入国等した多くの外国人留学生（中長期在留者）の転入届を受け付けることとなりますが，大学の職員が，外国人留学生の代理として来庁した場合，その転入届を受け付けることは可能でしょうか。…… *77*

Q 52 実の親であっても，親権者でなく別世帯である者は，子の住所異動等の届出をすることはできますか。また，監護権があった場合はどうでしょうか。………………………………… *79*

職権による記載等 ──────────────── *80*

Q 53 外国人の出生届が提出された場合，住民票を作成することはできますか。……………………………………………………… *80*

Q 54 日本人から国籍喪失の届出があった場合，住民票の処理はどのように行いますか。………………………………………… *81*

Q 55 外国人住民から帰化又は国籍取得の届出があった場合，当該住民の住民票はどのように取り扱うのでしょうか。………… *82*

Q 56 外国人として住民票が作成されている者に，以前から日本国籍があったことが判明した場合，どのように対応すればよいですか。………………………………………………………… *84*

Q 57 外国人住民が国内で死亡した場合，住民票の処理はどのように行いますか。…………………………………………………… *86*

Q 58 外国人住民が国内で死亡し，戸籍法第87条に定める届出資格者がいないため死亡届が出されない場合，住民票を消除することはできますか。………………………………………… *86*

Q 59 外国人住民（中長期在留者）が国内で死亡したとのことで，当該者の配偶者が相談に来庁しています。遺体を母国にて火葬するため死亡届を提出せず，法務省に在留カードを返納することで手続を進めたいと希望しています。この場合，当該

目　次

　　　　者の住民票はどのように処理するのでしょうか。……………… *87*

Q 60　外国人住民が国外で死亡した場合，住民票を消除することはできますか。………………………………………………………… *88*

Q 61　庁内の他部局からの情報提供を端緒に外国人住民に対して実態調査を行ったところ，当該者が不現住であることが確認できました。この場合，住民票を消除することはできますか。……………………………………………………………………… *89*

Q 62　外国人世帯について，世帯主に対して出国した旨の法務省通知が届いたので当該者の住民票を消除しました。住民票が残った世帯員は世帯主の変更が生じることとなりますが，世帯変更の届出がなく，新たに世帯主となる者が確認できない場合，当該住民票の世帯主の記載等の処理はどのようにすればよいでしょうか。……………………………………………… *90*

Q 63　父，母，子の外国人世帯について世帯主である父に対して在留期間満了に係る法務省通知が届いたので住民票を消除し，母と子の2人世帯になりました。世帯主に変更があった者は世帯変更届が必要であるとされていますが，母が世帯主となることが明らかな場合でもこの届出は必要でしょうか。……… *91*

Q 64　父，母，子の外国人世帯について父と母に対して再入国許可の有効期間が経過した旨の法務省通知が届いたので住民票を消除しました。子については法務省通知がないので世帯で1人だけ住民票が残ることとなりますが，子が幼児である場合，住民票は子の1人世帯としてよいでしょうか。…………… *92*

法務省と市町村との情報連携 ―――――――――― *93*

Q 65　外国人に係る住民基本台帳制度に関して，市町村長と法務大臣との間の情報連携の概要について教えてください。……… *93*

Q 66　市町村と法務省との情報連携に関し，「市町村通知」とい

目　次

　　　　われるものと「市町村伝達」といわれるものは，違いがある
　　　　のでしょうか。 …………………………………………………………… ***94***

Q 67　外国人が，初めて日本に入国して住所を定めた場合の一般
　　　　的な市町村と法務省との情報連携の流れについて教えてくだ
　　　　さい。 ……………………………………………………………………… ***96***

Q 68　外国人住民が国外転出するに当たって転出の届出を行っ
　　　　た場合，住民票を消除することとなりますが，消除する日は
　　　　出国した旨の法務省通知を受けた日と転出予定年月日のどち
　　　　らでしょうか。 …………………………………………………………… ***97***

Q 69　転出届を受理した外国人住民について，転出予定年月日前
　　　　に在留資格を変更した旨の法務省通知が届いた場合，住民票
　　　　の処理はどのようにすればよいでしょうか。 ………………………… ***98***

Q 70　転出届を受理した外国人住民について，転出予定年月日前
　　　　に在留期間を経過した旨の法務省通知が届いた場合，住民票
　　　　の処理はどのようにすればよいでしょうか。 ………………………… ***99***

Q 71　外国人住民の転出届を受理し，転出予定年月日に住民票を
　　　　消除した後に，当該者に係る出国した旨の法務省通知が届い
　　　　た場合，既に消除した住民票（除票）に当該法務省通知に関
　　　　する記載をするべきでしょうか。 ……………………………………… ***100***

Q 72　外国人住民について，海外へ出国した際，法務省通知は必
　　　　ず送信されるのでしょうか。また，それは，いつ送信される
　　　　のでしょうか。 …………………………………………………………… ***101***

Q 73　再入国許可を受けて出国し，その有効期間内に再入国でき
　　　　なかったことにより法務省通知が送信され，同通知に基づき
　　　　住民票が消除された外国人住民が，転入手続のために来庁し
　　　　ました。有効な在留カードを所持し，中長期在留者であるこ
　　　　とが確認できたため，住基法第30条の46に基づき，住民票
　　　　を作成しました。その後，当該者は，再入国許可の有効期間

17

目　次

内に再入国しており，住民票を消除する旨の法務省通知は誤りであったことが判明しました。どのように対応したらよいでしょうか。……………………………………………………………… *103*

Q 74　外国人住民が住民票の交付請求のために来庁しましたが，当該者が所持する在留カードの記載内容と住民票の内容が異なっていたので確認したところ，本日，地方入国管理官署で新しい在留カードが交付されたことが判明しました。法務省通知は毎日業務終了後に届き，翌日にその通知内容を住民票に反映させていますが，当該者が最新の情報が記載された住民票の写しの交付を求めた場合，法務省通知を待たず，在留カードに基づいて住民票の記載を修正してもよいでしょうか。……………………………………………………………………… *104*

Q 75　特別永住者が特別永住者証明書の住居地以外の記載事項の変更届出を行ったので，提出書類一式を法務省の発行拠点に送信しました。その後，当該届出に係る法務省通知が届きましたが，新たに作成された特別永住者証明書（記載事項変更後のもの）は法務省から届いていないので，本人に交付していません。この状況で，住民票の記載事項を，法務省通知に基づいて変更後のものに修正してもよいでしょうか。……… *105*

Q 76　特別永住者の子に係る特別永住許可申請が行われ，先日，法務省から特別永住許可書及び特別永住者証明書が届きました。しかしながら，当該子の出生による経過滞在者としての期間がまもなく到来するため，同期間内に特別永住許可書等を交付できなかった場合，当該子の住民票は消除することとなりますか。…………………………………………………………… *106*

Q 77　死亡届の受理に伴い住民票を消除し，その旨の市町村通知を送信した外国人住民について，法務省から法務省通知（異動事由：誤った法務省通知の訂正，異動事実：消除）を受信しました。当該者に関して，訂正が必要な法務省通知が見当たりませんが，この場合，どうしたらよいでしょうか。……… *108*

目　次

Q 78　外国人住民が日本人と婚姻したことにより，当該日本人の氏を通称としたい旨の申出があり，住基法施行令第30条の26に基づき住民票に通称を記載しました。この場合，法務省への市町村通知は送信するのでしょうか。………………… *110*

Q 79　行政区画の整理や市町村合併等に伴い住所に係る記載を修正した場合，法務省への市町村通知は，送信するのでしょうか。また，その際，一括ではなく，該当する外国人住民ごとに市町村通知を送信するのでしょうか。………………… *112*

Q 80　法務省通知に基づき職権で住民票を修正又は消除した場合も，外国人住民本人への通知等を行う必要はありますか。… *113*

記載事項 ——————————————————— *114*

Q 81　住民票に記載する氏名について，日本人であれば戸籍の氏名を記載することとされていますが，外国人住民の場合はどのように記載するのでしょうか。……………………………… *114*

Q 82　住基法第30条の46の届出において，在留カードが即時交付されない出入国港で上陸許可を受けたために，中長期在留者が在留カードを所持していない場合，住民票の氏名は何に基づいて記載するのでしょうか。………………………… *115*

Q 83　住民票の氏名がローマ字表記のみで記載されている中長期在留者から，住民票に漢字氏名を併記してほしいとの申出があった場合，どのように取り扱えばよいでしょうか。……… *116*

Q 84　住基法第30条の46の届出手続のため来庁した外国人から，提示された在留カードの氏名が誤っているとの申し出がありました。当該者は，日本に入国した際に使用した旅券も併せて所持していたことから，同旅券を確認したところ，在留カードの氏名と異なっていました。この場合，どのように対応すればよいでしょうか。………………………………… *117*

目　次

Q 85　出生による経過滞在者として作成する住民票はどのように記載するのでしょうか。……………………………… *118*

Q 86　出生届に基づき住民票を作成した後で，氏名の訂正のための追完届が出された場合，追完届に基づいて住民票の氏名を修正してもよいでしょうか。……………………………… *119*

Q 87　本国政府機関に対し婚姻による氏名変更の手続を行った中長期在留者から，変更後の氏名が記載された旅券に基づいて住民票の氏名を変更してほしいとの申出があった場合，どのように取り扱えばよいでしょうか。……………………… *120*

Q 88　日本人の配偶者である外国人住民について，当該者の在留カードに記載されている氏名の漢字と日本人配偶者の戸籍の配偶者氏名欄に記載されている当該者の氏名の漢字が異なっていた場合，住民票の氏名はどちらの漢字を記載すればよいでしょうか。……………………………………… *121*

Q 89　外国人住民の氏名のふりがなは，どのように記載すればよいでしょうか。…………………………………………… *122*

Q 90　外国人住民から出生届が出されたことにより住民票を作成するところですが，両親（双方とも外国人）が子の氏名を漢字表記にすることを希望しています。住民票の氏名はどのように記載しますか。……………………………… *123*

Q 91　住基法第30条の46の届出において，提示された在留カードの生年月日の月と日がそれぞれ「00」（ゼロゼロ）と記載されていた場合，住民票の「出生の年月日」はどのように記載すればよいでしょうか。……………………………… *124*

Q 92　住基法第30条の46に基づく転入届において，提示された在留カードの表面の「国籍・地域」欄にAとあり，裏面にBと記載があります（A及びBのいずれも日本以外の「国籍・地域」です。）。この場合，どちらを住民票に記載すればよい

でしょうか。·· ***125***

Q 93　本国において妻が複数認められている外国人住民について，続柄を証する文書によって世帯員それぞれとの婚姻関係を確認できる場合，世帯員の続柄はどのように記載すればよいでしょうか。·· ***126***

Q 94　外国人住民同士の同性婚の場合，世帯主との続柄はどのように記載すればよいでしょうか。································· ***126***

Q 95　新たに住民票を作成することとなった外国人の住民票について，中長期在留者であれば在留カードに記載されている在留資格等を記載しますが，特別永住者の場合，「在留資格」の欄に「特別永住者」と記載するのでしょうか。················· ***127***

Q 96　出生による経過滞在者として住民票を作成した外国人住民について，在留カードを取得したものの在留期間の更新許可が認められず，住基法対象外となった旨の法務省通知が届き，同通知に基づき住民票を職権消除しました。当該者は，住基法対象外の間は，「短期滞在」の在留資格で，引き続き同じ住所地に滞在していましたが，今般，国籍取得届が提出されたので，日本人としての住民票を作成します。「住所を定めた年月日」及び「住民となつた年月日」は，消除した外国人住民票の「住所を定めた年月日」及び「外国人住民となつた年月日」を引き継ぐのでしょうか。··············· ***129***

通称関係 ——————————————————— ***131***

Q 97　住民基本台帳制度における外国人住民の通称とは，どのようなものでしょうか。································· ***131***

Q 98　施行令第30条の26第1項に規定する「当該呼称が居住関係の公証のために住民票に記載されることが必要であることを証するに足りる資料」とは，どのようなものでしょうか。··· ***132***

目　次

Q 99　住民票への通称の記載の申出において，申し出ている通称が立証資料に記載されている通称と一部異なっています。本人によると，通称が長く健康保険証と年金手帳に記載できる文字数を超えているため一部分について省略されてしまったとのことですが，住民票には申出書のとおり通称を記載することを希望している場合，これに応じることはできますか。… *134*

Q100　通称の記載を求める申出において，国内における社会生活上通用していることの確認は必ず行わなければなりませんか。
……………………………………………………………………… *135*

Q101　日本人と婚姻した外国人住民（妻）から通称の申出があり，確認したところ，結婚したのは 15 年前であることが判明しました。この場合，婚姻によるものとして日本人夫の氏を確認することで通称を記載してよいでしょうか。なお，当該者は，今まで住民票に通称を記載したことはなく，今回，初めて，日本人夫の氏を使用した通称記載を申し出ています。…… *137*

Q102　日系の外国人住民が，氏名の日本式氏名部分を通称として申し出る場合，日系人であることの確認はどのように行えばよいでしょうか。………………………………………………… *138*

Q103　日本人男性と婚姻した外国人女性及びその女性の実子（女性及びその実子とも中長期在留者であり，実子は日本人男性と養子縁組はしていません。）から，日本人男性の氏を使用した通称の記載を求める申出（初めての通称記載の申出）がありました。この場合，外国人女性及びその実子ともに，婚姻等の身分行為により，日本人男性の氏を確認することで通称を記載してよいでしょうか。………………………………… *139*

Q104　住民票に通称が記載されていない外国人住民から，離婚した配偶者や死別した配偶者の氏を使用した通称の記載を求める申出があった場合，これを認めることはできますか。……… *140*

Q105　外国人住民の親子について，住民票に子は通称を記載して

目　次

　　　　いますが，親は記載していなかったところ，親が子の通称の
　　　　氏と同じ氏の通称の記載を求める申出があった場合，これを
　　　　認めることはできますか。………………………………………… ***141***

Q106　「通称」が外国人住民票の記載事項とされたのは，どのよ
　　　　うな理由からでしょうか。……………………………………… ***142***

Q107　外国人登録証明書には通称が記載されていましたが，特別
　　　　永住者証明書には記載されていないのはどうしてでしょうか。
　　　　また，特別永住者証明書としてみなされる期間が経過してい
　　　　る方で，通称が記載されないこと等を理由に，証明書の切替
　　　　えを拒むケースがありますが，罰則等はあるのでしょうか。… ***143***

Q108　日本に初めて入国した直後の外国人住民から，通称の記載
　　　　の申出があった場合，これに応じることはできますか。なお，
　　　　社会生活上通用していることを証する資料として，入国後に
　　　　働き始めたとする会社の社員証が提示されています。………… ***144***

Q109　氏名と同一の呼称を住民票に通称として記載してほしいと
　　　　の申出があった場合，これを認めることはできますか。……… ***145***

Q110　在留カード及び住民票の氏名がローマ字表記のみで記載さ
　　　　れている中長期在留者から，旅券等の本国政府発行の文書に
　　　　記載されている漢字氏名を住民票に通称として記載してほし
　　　　いとの申出があった場合，これを認めることはできますか。… ***146***

Q111　通称として使用できる文字について，簡体字，繁体字，
　　　　ローマ字等の外国の文字やカンマ，ピリオド，ハイフン等の
　　　　記号を使用することは認められないと考えますが，どうで
　　　　しょうか。………………………………………………………… ***147***

Q112　中長期在留者から，氏名の音（オン）をカタカナ読みにし
　　　　たものを，通称として記載したいとの申出がありました。こ
　　　　の申出に応じることはできますか。なお，在留カードには，
　　　　ローマ字表記された氏名が記載されており，ローマ字表記さ

目　次

　　　　　れた氏名の音（オン）をカタカナ読みにしたものを初めて通
　　　　　称として住民票に記載したいとして申し出ています。………… ***148***

Q113　特別永住者から，氏名の漢字表記は同一で，その読み方を
　　　　　変えたものを，通称として記載したいとの申出がありました。
　　　　　この申出に応じることはできますか。なお，特別永住者証明
　　　　　書には，ローマ字表記の氏名の記載はなく漢字表記された氏
　　　　　名のみ記載されており，例として，次の通称を住民票に記載
　　　　　したいとして申し出ています。
　　　　　　例　氏名：林　花子（読み方：リン　ハナコ）
　　　　　　　　通称：林　花子（読み方：ハヤシ　ハナコ）
　　　　　　　　※氏名と通称の漢字表記は同一，読み方が相違………… ***149***

Q114　本国の氏名の漢字（一部）が簡体字等であり，在留カード
　　　　　及び住民票の漢字が当該文字と同じ形の正字で氏名が記載さ
　　　　　れている外国人住民から，当該文字を別の日本の正字に置き
　　　　　換えて日本の社会生活を送っているので，当該氏名を通称と
　　　　　して記載したいとの申出がありました。この申出に応じるこ
　　　　　とはできますか。なお，当該通称が，国内における社会生活
　　　　　上通用している等を疎明する資料は提示されています。
　　　　　　例　本国の氏名の漢字：云（簡体字）
　　　　　　　　在留カード及び住民票の氏名の漢字：云（入管正字）
　　　　　　　　通称として使用したい漢字：雲（常用漢字）
　　　　　　　　※雲は云の簡体字でもある。…………………………… ***150***

Q115　在留カードの氏名はローマ字でファーストネーム・ミドル
　　　　　ネーム・ラストネームが記載されている外国人住民から，通
　　　　　称についても『氏』『ミドルネーム』『名』の３つのブロック
　　　　　に分けて記載したいとの申出がありました。この申出に応じ
　　　　　ることはできますか。なお，当該通称が，国内における社会
　　　　　生活上通用している等を疎明する資料は提示されています。… ***151***

Q116　非漢字圏の外国人の方の氏名の順序が変わったとの法務省
　　　　　通知が届いた場合，当該者は，氏名の読み方を基にして通称

を記載していますが，本人の申出がなくても，法務省通知によりそれぞれ修正してもよいでしょうか。 …………………… *152*

Q117 転入の手続に来庁している外国人住民から，通称の履歴（記載及び削除）が記載された転出証明書を添えた届出がありました。現在，当該者の住民票に，通称は登録されていませんが，この通称履歴を記載するのでしょうか。 ……………… *153*

Q118 数年前に国外転出した外国人住民が，再度同じ住所に転入し，住基法第30条の46の届出を行うために来庁しました。転出により消除した住民票（除票）には，通称の履歴が記載されています。当該者は，通称の使用を希望していませんが，今回作成する住民票に，この除票に記載されている通称の履歴を記載するのでしょうか。 ………………………………… *154*

Q119 数年前に国外転出した外国人住民が，再度同じ住所に転入し，住基法第30条の46の届出を行うために来庁しました。転出により消除した住民票（除票）には通称が記載されており，当該者は今回作成する住民票においても同じ通称を記載することを希望しています。この場合，除票により通称が確認できるので，当該通称を職権で記載してよいでしょうか。 … *155*

Q120 住民票を改製する際，旧住民票に記載された通称の履歴は，新住民票にすべて省略することなく移記するのでしょうか。… *156*

Q121 住民票に通称が記載されている外国人住民から，通称を変更したいとの申出があった場合，これを認めることはできますか。 ……………………………………………………………………… *157*

Q122 いわゆる通称の変更が認められるときは，どのような場合でしょうか。 ……………………………………………………… *158*

Q123 婚姻に伴って配偶者の氏を通称の氏として住民票に記載していた外国人住民から，離婚したので婚姻前に使用していた従前の通称に戻したいとの申出があった場合，従前の通称を

目　次

　　　　記載することはできますか。………………………………… *159*

Q124　婚姻前は住民票に通称の記載がなかった外国人住民が，婚姻により配偶者の氏を通称の氏として住民票に記載した後に離婚した場合，婚姻前の氏とは別の新たな氏の通称を記載することはできますか。…………………………………… *160*

Q125　母が離婚したことにより，住民票の通称を婚姻前に使用していた通称に変更したとき，母と同じ氏の通称を記載している子について，母の変更後の通称と同じ氏の通称に変更したいとの申出があった場合，これを認めることはできますか。… *161*

Q126　住民票に父の氏を通称として記載している外国人住民から，20年以上前に父と離婚した母の氏（母は再婚により再婚相手の氏を通称として使用）に通称を変更したいとの申出がありました。本件の場合，外国人住民の母の氏の確認を行うことで，この申出に応じることはできますか。…………………… *162*

Q127　通称を漢字で記載している外国人住民から，当該通称をカタカナ読みにしたものに変更したいとの申出があった場合，認めることはできますか。……………………………………… *163*

Q128　住基法第22条の届出手続のため来庁した外国人住民から，当該転入届とともに転出証明書に記載された通称を変更したい（身分関係等によるものではない）との申出がありました。転出証明書を添えた転入届があった場合には，今までの通称及び通称履歴は引き継がれ，また，当該通称は原則変更できないと承知していますが，例えば，当該者が，国外転出により住民票が消除された後，再度入国して行う住基法第30条の46又は第30条の47による届出を行った場合は，今までの通称及び通称履歴は引き継がれないことから，この従前の通称とは異なる通称を認めてよいということでしょうか。…… *164*

Q129　婚姻に伴って配偶者の氏と同じ氏の通称を住民票に記載している外国人住民が離婚した場合，職権で通称を削除する必

要はありますか。また，同様の場合で，婚姻前に別の通称を記載していた者について，職権で従前の通称に変更する必要はありますか。 ……………………………………………………… ***166***

Q130 本来通称に使用できない外国の文字や記号が記載された通称が転出証明書に記載されている者が転入した場合，当該通称を職権で修正してもよいでしょうか。 …………………… ***167***

Q131 外国人住民の転入手続において，転出証明書に記載されている「通称の履歴」に使用できない文字が記載されていた場合，住民票作成時に修正したものを記載してよいでしょうか。 ……………………………………………………………………… ***168***

Q132 通称の記載の申出を本人以外の者が行うことはできますか。また，留意する点はありますか。 ………………………… ***169***

住民票の写し等の交付 ——————————— ***170***

Q133 住民票に通称が記載されている外国人住民に係る住民票の写し等の交付について，氏名の記載を省略した住民票の写し等の交付請求があった場合，どのように対応すればよいでしょうか。 ……………………………………………………………… ***170***

Q134 住民票にローマ字による氏名のほか漢字名が併記されている外国人住民から，ローマ字による氏名の記載を省略した住民票の写し等の交付請求があった場合は，どのように対応すればよいでしょうか。 ……………………………………………… ***172***

Q135 中長期在留者に係る住民票の写し等の交付について，「在留資格」を記載し，「在留期間」と「在留期間の満了の日」の記載を省略した住民票の写し等の交付請求があった場合，どのように対応すればよいでしょうか。 …………………………… ***174***

Q136 在留期間の満了の日を経過した外国人住民に係る住民票の写し等の交付請求があった場合，どのように対応すべきで

目　次

　　　　しょうか。……………………………………………………… ***175***

Q137　施行日（平成 24 年 7 月 9 日）に住民票が作成されたものの，施行日前に事実上国外に転出していた場合等，施行日時点で住基法の適用対象外であったことが後に判明した外国人について，住民票を職権で消除しました。当該消除した住民票の写し等の交付請求があった場合，どのように対応すればよいでしょうか。……………………………………………… ***176***

Q138　帰化により日本人になった者に係る住民票の写し等の交付について，第三者請求において申出者が記載した請求対象者の氏名が帰化する以前の外国人住民としての氏名だった場合，請求に応じることはできますか。………………………… ***177***

Q139　住民票の写し等の交付請求があった場合，氏名のふりがなは記載して交付するのでしょうか。……………………………… ***178***

Q140　外国人住民が，自身の住民票の写しの交付請求のために来庁しています。当該者は，どの事項が必要かわからないため，すべての事項を省略することなく住民票の写しを発行してほしいと希望していますが，留意点はありますか。……………… ***179***

Q141　住民票の写し等の交付について，住民票の備考欄を記載して交付することはできますか。……………………………… ***181***

Q142　特別永住者から住民票の写しの請求があり交付したところ，当該住民票の記載事項のうち「従前の住所」が空欄となっていることについて，問合せがありました。なお，当該者は，平成 22 年頃から当市にお住まいで，それ以前は A 市にお住まいだったとのことです。どのように対応すればよいでしょうか。……………………………………………………………… ***182***

その他　　　　　　　　　　　　　　　　　　　　　　　　　*184*

Q143　外国人住民が届出をすることなく国外に転出し，後日，国

外から他市町村へ転入した場合，住民票コードの取扱いはどのようにしたらよいでしょうか。以前記載されていた市町村の住民票コードを引き継ぐのでしょうか。あるいは，新たな住民票コードを付番するのでしょうか。………………………… ***184***

Q144 日本人から国籍喪失届があり，当該者の外国人住民としての住民票を作成した場合，住民票コードは当該者の日本人としての住民票に記載されていたものを引き継ぎますか。あるいは，新たな住民票コードを付番するのでしょうか。………… ***185***

Q145 外国人住民としての住民票を作成した者が，日米地位協定により住民基本台帳制度の対象外だったことが判明したため，住民票を消除しました。その後，当該者が日米地位協定の適用を受けない者となり，在留資格を取得して中長期在留者となったため，再度住民票を作成することとなりました。この場合，以前消除した住民票に記載されていた住民票コードを引き継ぐべきですか。………………………………………… ***186***

Q146 外国人住民について，住民基本台帳ネットワークシステム等に関する規定の適用日（平成25年7月8日）前に住民票を消除すべき事由が生じていたことを適用日以後に把握した場合等，本来付番されるべきではない住民票コードが記載された住民票はどのように取り扱えばよいでしょうか。………… ***187***

Q147 外国人住民の氏名又は通称のふりがなを修正した場合，本人確認情報の更新は行うのでしょうか。……………………… ***188***

Q148 法務省通知により，外国人住民の氏名について，その順序のみが入れ替わりました。この場合の異動事由は職権修正でしょうか。あるいは軽微な修正でしょうか。………………… ***189***

Q149 電子証明書の「軽微な修正」とはどのようなものでしょうか。…………………………………………………………………… ***190***

Q150 外国人住民について，どのような修正が「軽微な修正」に

目　次

　　　該当しますか。……………………………………………………… *191*

Q151　平成 21 年改正住基法施行日よりも前から日本に住んでいる外国人住民が，同法施行日以前の住所を証明できる書類の交付を求めてきました。どのように対応したらよいでしょうか。………………………………………………………………… *193*

Q152　ある行政機関から転出入を繰り返す外国人住民の住所の履歴について照会したいとの相談がありました。日本人の場合は，戸籍の附票を照会することで確認できますが，外国人の場合は附票がないため，どのように対応したらよいでしょうか。………………………………………………………………… *194*

第2　参考資料 …………………………………………………… *195*

　　「第1　Q&A」の「参照法令等」に掲載する「住民基本台帳事務処理要領」，「仮住民票事務処理要領」及び通知・事務連絡の該当項目の全部又は一部を参考資料として登載していますので，ご参照ください。

第1 Q & A

住民票の作成対象者

Q1

住民基本台帳制度の対象となる外国人は，どのような人ですか。

A 住民基本台帳制度の対象となる外国人住民は，日本の国籍を有しない者のうち，次の4つの区分のいずれかに該当するものであって，市町村の区域内に住所を有するものです。

① 中長期在留者
② 特別永住者
③ 一時庇護許可者又は仮滞在許可者
④ 出生による経過滞在者又は国籍喪失による経過滞在者

❗ポイント

この4つの区分は，入管法等に定める「資格要件」といわれるもので，この資格要件と住所を有するという「住所要件」の2つを満たすことで外国人住民となります。

■ 参照法令等 ■

住基法第30条の45

Q2
4つに区分されている資格要件は，それぞれどういったものですか。

A まず，一つ目の「中長期在留者」について説明します。
中長期在留者とは，入管法上の在留資格をもって我が国に在留する外国人であって，「3月」以下の在留期間が決定された者や「短期滞在」，「外交」又は「公用」の在留資格を決定された者等以外の者をいいます。

二つ目の「特別永住者」は，入管特例法に定められた特別永住者をいい，終戦前から引き続き本邦に在留している平和条約国籍離脱者及びその子孫をいいます。

三つ目の「一時庇護許可者」は，入管法の規定により，船舶等に乗っている外国人が難民に該当する可能性がある場合等に一時庇護のための許可を受けた者で，「仮滞在許可者」は，在留資格を取得していない外国人から難民認定申請があり，一定の要件を満たした場合に，仮に本邦に滞在することが許可された者をいいます。

最後の「出生による経過滞在者」又は「国籍喪失による経過滞在者」は，出生又は日本国籍の喪失により上陸の手続を経ることなく我が国に在留することとなった外国人をいいます。入管法の規定により，当該事由が生じた日から60日に限り，在留資格を有することなく在留することができます。

❗ポイント

それぞれの資格要件（「出生による経過滞在者」又は「国籍喪失に

よる経過滞在者」を除く。）を証するものとして，法務省（法務大臣等）からカードや証明書等が交付されますので，これらを確認することにより，資格要件の有無を判断します。

① 中長期在留者………在留カード
② 特別永住者…………特別永住者証明書
③ 一時庇護許可者……一時庇護許可書
④ 仮滞在許可者………仮滞在許可書

■参照法令等■

- 住基法第30条の45
- 入管法第18条の2第1項，第19条の3，第22条の2第1項，第61条の2の4第1項
- 入管特例法第3条～第5条

■参考■

法務省（法務大臣等）から交付される証明書等に，以下のようなものもありますが，いずれも外国人住民であることの資格要件を示すものではありません。

- 仮放免許可書（入管法第54条，入管法施行規則第49条）
- 在留資格認定証明書（入管法第7条の2）
- 在留資格証明書（入管法第20条第4項第3号）

第1　Q&A

外国人住民であることの資格要件を示す証明書等（見本）

【一時庇護許可書】

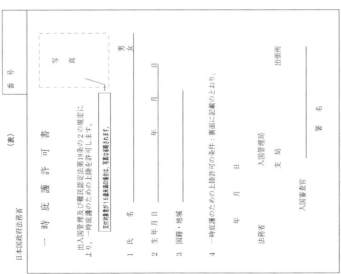

住民票の作成対象者

【仮滞在許可書】

（表）

番　号
年月日

日本国政府法務省

仮 滞 在 許 可 書

出入国管理及び難民認定法第61条の2の4の規定に基づき、仮滞在を許可します。

交付対象者が16歳未満の場合は、写真は省略されます。

写真

男・女

1　氏　　　　名
2　生年月日　　　　　年　　月　　日
3　国籍・地域
4　仮滞在期間　　　　　年　　月　　日
　　（許可期限）
5　許可の条件　裏面に記載のとおり

※

（注）1　※には許可する者の職名を記入するものとする。
　　　2　用紙の大きさは、日本工業規格A列4番とする。

（裏）

仮滞在の条件

(1) 住　　　居
(2) 行 動 範 囲
(3) 活動の制限　　収入を伴う事業を運営する活動又は報酬を受ける活動に従事することを禁止します。
(4) 出頭の要請があった場合には、指定した日時、場所に出頭してください。

注　意

ア　住居を変更するときは、あらかじめ仮滞在の許可を受けた地方入国管理局長の承認を受けなければなりません。
イ　行動範囲を拡大する必要があるときは、あらかじめ仮滞在の許可を受けた地方入国管理局長の承認を受けなければなりません。
ウ　本許可書を常時携帯し、権限のある官憲に要求された場合は、これを提示してください。
エ　仮滞在期間の更新申請は、同許可期限の10日前から受け付けます。
オ　上記の条件に違反したときは、仮滞在の許可を取り消すことがあります。
カ　出頭の際は、本許可書を持参してください。

更新許可欄

年月日	
（仮滞在期間（許可期限））	
許可者印	

年月日	
（仮滞在期間（許可期限））	
許可者印	

第1　Q&A

【在留カード】

【特別永住者証明書】

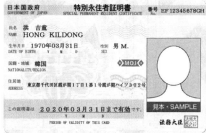

Q3 外国人が国外から入国して住民票が作成されるまでのおおよその流れについて教えてください。

A 日本に入国し滞在する外国人は、空港等における上陸審査時において、当該外国人の入国・在留目的に応じて、入国審査官から在留資格及び在留期間（以下「在留資格等」という。）が決定され、この決定された在留資格等の範囲内で活動することができます。

そして、上陸審査時に決定された在留資格等は、当該外国人のパスポートに上陸許可証印として貼付又は押印されます。また、この際、決定された在留資格等が、次の①～④のいずれにも該当しない場合、当該外国人は在留カードの交付対象者となり、さらに、入国審査官から在留カードが交付され(注)、中長期在留者の区分に該当すると承知しています。

① 「3月」以下の在留期間が決定された者
② 「短期滞在」の在留資格が決定された者
③ 「外交」又は「公用」の在留資格が決定された者
④ 「特定活動」の在留資格が決定された、台湾日本関係協会の本邦の事務所若しくは駐日パレスチナ総代表部の職員又はその家族

そして、中長期在留者となった外国人が、新たに日本国内に住所を定めた場合、住所を定めた日から14日以内に、在留カードを提示して、市町村に転入の届出をしなければならないと住基法第30条の46に規定されており、当該届出がなされることで、住民票が作成されます。

第1　Q&A

(注)　在留カードが即日交付される空港は，平成30年3月現在，成田空港，関西空港，中部空港，羽田空港，新千歳空港，広島空港及び福岡空港の計7空港となっています。その他の空港等から入国した場合は，上陸許可時に在留カードが交付されず，代わりに，当該中長期在留者の旅券に，後日在留カードを交付する旨の記載がされます。

→ Q21参照

❗ポイント

　国外から入国して中長期在留者として滞在する外国人は，住基法（第30条の46）に規定する転入届のほかに入管法（第19条の7）に規定する住居地の届出もしなければなりませんが，在留カードを提示して，住基法の転入届をしたときは，上記住居地の届出をしたものとみなされますので，改めて当該住居地の届出をする必要はありません。

■参照法令等■

- 入管法第7条，第9条，第19条の3，第19条の6
- 入管法施行規則第7条，第19条の5
- 住基法第30条の46

住民票の作成対象者

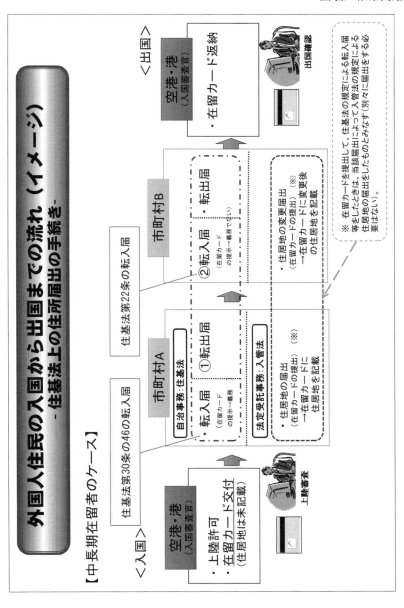

出典:総務省外国人住民基本台帳室作成

第1　Q&A

Q4

「短期滞在」の在留資格を有している外国人が，在留期間更新許可を受けたことにより，当該在留資格のまま3月を超えて滞在している場合，住民票は作成できますか。

A 　作成できません。「短期滞在」の在留資格を有している外国人が，地方入国管理官署において在留期間更新許可を受けて，日本での通算の滞在期間が3月を超えたとしても，在留資格が「短期滞在」である限り中長期在留者には該当しませんので，住民票の作成対象にはなりません。

❗ポイント

　例えば，在留資格「研修」，在留期間が「3月」ちょうどで決定された外国人については，中長期在留者には該当しないことから住民基本台帳制度の対象となりません。しかしながら，住基法第30条の45の表の上欄に掲げる「一時庇護許可者」又は「仮滞在許可者」については，「3月」という期間が決定されることもあり得るため，必ずしも「3月」＝住民基本台帳制度の対象外ではないことに留意が必要です。

■参照法令等■

　入管法第19条の3

■ 参考 ■

　日本に入国・在留する外国人は，原則として入管法に定める在留資格のいずれかを有する必要があり，この在留資格は多岐にわたる外国人の活動等をあらかじめ類型化し，どのような活動等であれば入国・在留が可能であるかを明らかにしています。また，在留資格ごとに，在留期間（在留できる期間）が定められており（入管法第2条の2，入管法施行規則第3条　別表第二），この在留資格又は在留期間は地方入国管理官署に申請することで変更や延長することもできます（入管法第20条，第21条）。

在留資格		在留期間
外交		外交活動の期間
公用		5年、3年、1年、3月、30日又は15日
教授		5年、3年、1年又は3月
芸術		
宗教		
報道		
高度専門職	1号	5年
	2号	無期限
経営・管理		5年、3年、1年、4月又は3月
法律・会計業務		5年、3年、1年又は3月
医療		
研究		
教育		
技術・人文知識・国際業務		
企業内転勤		
介護		
興行		3年、1年、6月、3月又は15日
技能		5年、3年、1年又は3月
技能実習	1号	法務大臣が個々に指定する期間（1年を超えない範囲）
	2号	法務大臣が個々に指定する期間（2年を超えない範囲）
	3号	

在留資格	在留期間
文化活動	3年、1年、6月又は3月
短期滞在	90日若しくは30日又は15日以内の日を単位とする期間
留学	4年3月、4年、3年3月、3年、2年3月、2年、1年3月、1年、6月又は3月
研修	1年、6月又は3月
家族滞在	5年、4年3月、4年、3年3月、3年、2年3月、2年、1年3月、1年、6月又は3月
特定活動	5年、3年、1年、6月、3月又は法務大臣が個々に指定する期間(5年を超えない範囲)
永住者	無期限
日本人の配偶者等	5年、3年、1年又は6月
永住者の配偶者等	
定住者	5年、3年、1年、6月又は法務大臣が個々に指定する期間（5年を超えない範囲）

出典：市町村自治研究会作成

第1　Q&A

Q5

「外交」又は「公用」の在留資格が決定された外国人には，申し出があっても住民票は作成できないと思いますが，なぜ，住民基本台帳制度の対象外となっているのでしょうか。

A　「外交」の在留資格を決定された者については領事関係に関するウィーン条約第46条等に基づき，「公用」の在留資格を決定された者については国際礼譲に基づく行政運用により，外国人の登録に関する我が国の法令の適用除外となっていることから，住基法の対象とする外国人住民とはしていません。

■参考■

　法務省が所管する外国人に係る在留管理制度においても，「外交」又は「公用」の在留資格を決定された者については，国際儀礼上配慮の必要性が高いとして，法務大臣が継続して情報を必要とする対象から外されています。

【領事関係に関するウィーン条約】（昭和58年条約第14号）
第46条（外国人登録及び在留許可に係る免除）
1　領事官及び事務技術職員並びにこれらの世帯に属する家族は，外国人登録及び在留許可に関する接受国の法令に基づくすべての義務を免除される。
2　もっとも，1の規定は，事務技術職員であつて派遣国の臨時的職員であるもの若しくは接受国内で収入を伴う私的な職業に従事するもの又はその家族については，適用しない。

Q6

「短期滞在」の在留資格を有している者や不法滞在者等，自身が住民基本台帳制度の対象外である外国人から，子の出生届が提出された場合，当該子の住民票を作成することはできますか。

A 　外国人親が住民基本台帳制度の対象でなかったとしても，国内で出生した子は出生から60日までは，「出生による経過滞在者」に該当しますので，出生届に基づき，経過滞在者として職権で住民票を作成します。

なお，出生後60日経っても中長期在留者等にならなかった場合は，住基法第30条の50に基づく法務大臣からの通知により，住民票を職権で消除することとなります。

❗ポイント１

「出生による経過滞在者」とは，国内において出生した日本の国籍を有しない者のうち，在留資格を有することなく在留することができるものをいうことから（入管法第22条の2第1項），出生から60日までであれば「出生による経過滞在者」に該当しますが，これを経過すると該当しないこととなります。

また，国外で出生した者は「出生による経過滞在者」に該当しないことから，同区分による住民票を作成することはできません。

❗ポイント２

外国人に戸籍はありませんが，日本国内で出産した場合は，戸籍法

第1　Q&A

の適用を受けますので，所在地の市町村の戸籍届出窓口に，出生の届出をしなければなりません。

■**参照法令等**■
住基法第30条の45

住民票の作成対象者

Q7
出生の日から60日を過ぎた外国人の出生届が提出された場合，どのように対応すればよいでしょうか。

A 出生届を受理したときに，出生の日から60日を経過している場合，当該者は不法滞在の状況になっていますので，住民票を作成することはできません。速やかに地方入国管理官署に在留資格について相談するよう案内することが望ましいです。

当該者がその後，地方入国管理官署において在留カード等を取得した場合に，住基法第30条の47の届出に基づいて住民票を作成することとなります。

❗ポイント

出生による経過滞在者として住民票を作成する際の在留期間満了の日（60日目）に係る起算日は，民法第140条に規定する初日不算入の原則により，出生日の翌日となります。

例）出生日……9月6日
　　出生による経過滞在者としての在留期間満了日（60日目）
　　　……11月5日

■参照法令等■

入管法第22条の2第1項，第2項

Q8

父親が在日米軍の構成員で，母親が外国人である場合，当該父母から出生した子について，住民票を作成することはできますか。

A 在日米軍の構成員及び軍属並びにそれらの家族である外国人は，日米地位協定により，住民基本台帳法の適用対象から除外されるため，父親が在日米軍の構成員であることが身分証明書等で確認できた場合には，その子についても両親と同様に住民票は作成しないこととなります。

❗ポイント1

住基法に定める「外国人住民」に，在日米軍の構成員及び軍属並びにそれらの家族は含まれていません。これは，日本地位協定の該当者は，外国人の登録に関する日本国の法令の適用から除外されているためです。また，国連軍地位協定該当者（日本国における国際連合の軍隊の地位に関する協定（昭和29年条約第12号）第1条(e)から(g)までに規定する者）も同様です。

❗ポイント2

当該設問の子については，日本国内で出生した場合で出生から60日以内であっても，「出生による経過滞在者」として住民票は作成しません。

■ 参考 ■

【日米地位協定（日本国とアメリカ合衆国との間の相互協力及び安全保障条約第6条に基づく施設及び区域並びに日本国における合衆国軍隊の地位に関する協定）】（昭和35年条約第7号）

第1条

この協定において，

(a) 「合衆国軍隊の構成員」とは，日本国の領域にある間におけるアメリカ合衆国の陸軍，海軍又は空軍に属する人員で現に服役中のものをいう。

(b) 「軍属」とは，合衆国の国籍を有する文民で日本国にある合衆国軍隊に雇用され，これに勤務し，又はこれに随伴するもの（通常日本国に居住する者及び第14条1に掲げる者を除く。）をいう。この協定のみの適用上，合衆国及び日本国の二重国籍者で合衆国が日本国に入れたものは，合衆国国民とみなす。

(c) 「家族」とは，次のものをいう。

(1) 配偶者及び21才未満の子

(2) 父，母及び21才以上の子で，その生計費の半額以上を合衆国軍隊の構成員又は軍属に依存するもの

第9条

1 （略）

2 合衆国軍隊の構成員は，旅券及び査証に関する日本国の法令の適用から除外される。合衆国軍隊の構成員及び軍属並びにそれらの家族は，外国人の登録及び管理に関する日本国の法令の適用から除外される。（以下略）

3～6 （略）

Q9

日本と外国の国籍を有する重国籍者の場合，住民票は日本人と外国人住民，どちらで作成したらよいでしょうか。

A 住基法第30条の45において，外国人住民とは，日本の国籍を有しない者のうち同条の表の上欄に掲げるものであって市町村の区域内に住所を有するものとされています。

したがって，日本と外国の国籍を有する重国籍者は日本の国籍を有するため，「日本人」として住民票を作成することになります。

❗ポイント1

重国籍者が日本のパスポートではなく外国のパスポートで入国した場合や地方入国管理官署において当該者が日本国籍を有していることを把握できずに在留カードを交付していても，市町村において，当該者が日本国籍を有していることを把握したのであれば，日本人として住民票を作成することとなります。

また，この場合，在留資格や在留カードの取扱いに関して地方入国管理官署に相談するよう当該者に案内することが望ましいです。

❗ポイント2

市町村において，重国籍者に関し，戸籍に記載されているものの日本国籍を有しているか疑義がある場合には，国籍の得喪を所管する法務局に，必要に応じて国籍認定伺いを行った上で，その結果に応じて住民票を作成することが適当と考えます。

Q10

日本人として住民票が作成されている者から国籍喪失届が提出されましたが，国籍喪失届の「喪失の年月日」から既に60日を経過していた場合，住民票の処理はどのように行いますか。

A 国籍喪失届を受理したときに，国籍を喪失した日から60日を経過している場合，当該者は不法滞在の状況になっていますので，外国人としての住民票を作成することはできません。また，当該者の日本人としての住民票については消除することとなり，備考として消除の事由（国籍喪失）及び消除事由の生じた年月日（国籍を喪失した年月日）を記入します。

❗ポイント

「国籍喪失による経過滞在者」とは，国籍法の規定に基づき，日本の国籍を離脱，喪失したことにより上陸の手続を経ることなく在留することができる者をいい（入管法第22条の2第1項），国籍離脱，喪失の日から60日までであれば「国籍喪失による経過滞在者」に該当しますが，これを経過すると該当しないこととなります。

また，国外で日本国籍を離脱，喪失した者は「国籍喪失による経過滞在者」に該当せず，この区分では住民票を作成することはできません。

第1　Q&A

Q11

日本人の父と外国人の母の間に生まれ日本人として住民票が作成されている子について，親子関係不存在確認の裁判が確定し，当該者に日本国籍がないことが判明しました。そのため，当該者については，戸籍を削除し日本人としての住民票を職権消除することとなりますが，職権で「国籍喪失による経過滞在者」として，住民票を作成することはできますか。

A　親子関係不存在確認の手続において父の子でないと認定されたことにより，当該者は出生の時から日本国籍を有していなかったことになりますので，国籍喪失による経過滞在者に該当しません。また，出生してから既に60日を経過している場合は，出生による経過滞在者にも該当しません。したがって，当該者には住民票を作成することはできません。今後，地方入国管理官署における手続により中長期在留者等になった場合に，初めて外国人としての住民票の作成対象者に該当することとなり，その際には，住基法第30条の46又は第30条の47の届出により住民票を作成することとなります。なお，この際，住民票コード及び個人番号については，日本人としての住民票に記載されていた住民票コード及び個人番号を記載します。

■ **参照法令等** ■
- 住基法第30条の45
- 施行令第12条

■ 参考 ■

日本国籍を離脱，喪失する場合について

（出典：法務省ウェブサイト

http://www.moj.go.jp/MINJI/minji78.html#a12）

Q　日本国籍を喪失するのは，どのような場合ですか？

A　日本国籍を喪失するのは，次のような場合です。

1　自己の志望による外国国籍の取得（国籍法第11条第1項）
　自分の意思で外国国籍を取得した場合，例えば，外国に帰化をした場合等には，自動的に日本国籍を失います。

2　外国の法令による外国国籍の選択（国籍法第11条第2項）
　日本と外国の国籍を有する方が，外国の法令に従って，その外国の国籍を選択した場合には，自動的に日本国籍を失います。

3　日本国籍の離脱（国籍法第13条）
　日本と外国の国籍を有する方が，法務大臣に対し，日本国籍を離脱する旨の届出をした場合には，日本国籍を失います。

4　日本国籍の不留保（国籍法第12条）
　外国で生まれた子で，出生によって日本国籍と同時に外国国籍も取得した子は，出生届とともに日本国籍を留保する旨を届け出なければ，その出生の時にさかのぼって日本国籍を失います。
　なお，日本国籍の留保をしなかったことにより日本国籍を失った方については，20歳未満であって日本に住所を有するときは，法務大臣へ届け出ることによって，日本国籍を再取得することができます。

5　その他（国籍法第15条，第16条）

第1　Q&A

届　　出

Q12
中長期在留者等が国外から転入してきた場合，住基法第何条の届出として受けることとなりますか。

A　住基法第30条の46の届出として受けることとなります。
同法第30条の46は，中長期在留者等が国外から転入をした場合とこれに準ずる場合の届出について定めたものです。

届　出

Q13

住基法第 30 条の 46 に規定している「これに準ずる場合として総務省令で定める場合」とはどのような場合でしょうか。

A　施行規則第 48 条に規定されており，
① 中長期在留者等で住民基本台帳に記録されていないものが新たに市町村の区域内に住所を定めた場合
② 日本の国籍を有しない者（住基法第 30 条の 45 の表の上欄に掲げる者を除く。）で，住民基本台帳に記録されていないものが中長期在留者等となった後に転入をした場合
の 2 つの場合があります。

Q14

中長期在留者等でない外国人が，住所を定めた後に中長期在留者等となった場合，住基法第何条の届出として受けることとなりますか。

A　住基法第 30 条の 47 の届出として受けることとなります。
同法第 30 条の 47 は，同法第 30 条の 45 の表の上欄に掲げる者を除く外国人で住所を有するものが中長期在留者等となった場合の届出について定めたものです。

Q15

外国人による転入届の特例については，住基法第30条の46又は第30条の47に規定されていますが，外国人住民から届出があった際にいずれの条文に該当する届出と判断すればよいか，何かポイントがあれば教えてください。
また，住基法第30条の46に規定する「総務省令で定める場合」（中長期在留者等が国外から転入した場合に準ずる場合）についても教えてください。

A 外国人が住民基本台帳制度の対象となるためには，住基法第30条の45の表の上欄に掲げるものであること（以下「資格要件」という。）と，市町村の区域内に住所を有すること（以下「住所要件」という。）という2つの要件を満たす必要があります。まず，この2つの要件のどちらが先に満たされたかが，判断ポイントの一つ目となります。

住基法第30条の46は，資格要件を満たした後に，住所を定めた場合の届出であり，他方，住基法第30条の47は，住所要件を満たす者が，資格要件を満たした場合の届出となります。

次に，資格要件を満たす場合として，国外からの入国に伴い上陸の許可を受ける場合（入国時に既に中長期在留者である場合を含む。）と国内在留中に在留の許可を受ける場合の2つがあり，これが二つ目の判断ポイントとなります。

前者であれば，住基法第30条の46に規定する「国外から転入した

場合」又は「総務省令で定める場合」(施行規則第48条第1号)に該当し,後者であれば,「総務省令で定める場合」(施行規則第48条第2号)又は住基法第30条の47に該当することになります。
　上記を踏まえると,次の具体例が考えられます。
1　住基法第30条の46(施行規則第48条第1号を含む。)に基づく届出
　　①　外国人が国外から入国し,空港において中長期在留者として在留カードの交付を受け,その後,住所地市町村に届出を行う場合
　　②　A市に住民票がある外国人住民が,転出届をした上で,再入国許可による出国をし,その後,当該者が再入国し(中長期在留者としての在留カードを継続所持),B市に住所を定め届出を行う場合。なお,当該者がA市に転出届をしていない場合であっても,出国後,国外に住所を移していたと判断される場合や転出届をした上で出国後,再入国し,転出前と同じA市に転入する場合も該当します。
　　③　中長期在留者として新規入国した外国人がA市に居住していたが,A市では転入の届出をせず,その後,B市に転入したとして届出を行う場合や入国後,友人宅などを転々として住所を定めていなかったところ,A市に住所を定めたとして転入届がなされた場合
2　住基法第30条の46(施行規則第48条第2号)に基づく届出
　　①　住基法の対象とならない在留資格(例えば「短期滞在」)で入国し在留していた(住所を定めていない)外国人が,中長期在留者として在留カードの交付を受け,その後,住所を定め転入する場合
　　②　A市に住所を定めていた外国人住民が,住基法の対象外(不

第1　Q&A

法残留や在留資格の変更等）となり，住基法第30条の50による法務大臣からの通知に基づき住民票の職権消除を行った。その後，改めて中長期在留者となった後に，住所を定めていなかった当該者が新たにB市に転入する場合
3　住基法第30条の47に基づく届出
　①　住基法の対象とならない在留資格（例えば「短期滞在」）で入国しA市に在留していた（生活の本拠がある）外国人が，中長期在留者として在留カードの交付を受けた後，A市に転入する場合（※上記2①との違いは，住所要件が資格要件よりも先に満たされている点）
　②　A市に住所を定めていた外国人住民が，住基法の対象外（不法残留や在留資格の変更等）となり，住基法第30条の50による法務大臣からの通知に基づき住民票の職権消除を行った。その後，A市に住所を有したまま，改めて中長期在留者となった後に，A市に転入する場合（※上記2②との違いは，住所要件は失われず継続しており，住所要件が資格要件よりも先に満たされている点）

❗ポイント

　外国人住民の場合，日本人と異なり，住所要件のほかに資格要件を満たしているかどうか，また，この2つの要件のいずれが先に満たされたかを確認することが必要です。

　また，この確認を行うことで，外国人住民特有の記載事項である「外国人住民となつた年月日」についても判断することができます。

Q16

外国人の転入届に関し，住基法第30条の46による届出なのか又は住基法第22条による届出なのか判断に迷う場合があります。例えば，住所を有していたにもかかわらず，届出をせずに住所を転々としていた外国人が転入の届出に来た場合，どちらの届出として受けるべきでしょうか。

A 住基法第30条の46の届出は，外国人が国外から転入をした場合又は国外から転入をした場合に準ずる場合（施行規則第48条）に係る届出であり，他方，住基法第22条の届出は，新たに市町村の区域内に住所を定めた者が行う届出です。

前者は資格要件を満たしている外国人を住民基本台帳に記載する手続であり，後者は住民基本台帳に記載された者（外国人住民に限定されない。）が他市町村から転入する場合に行われる届出で，原則として前住所地からの転出証明書を添える必要があります。

本件では，外国人が，国外から入国後，住所を有していたにもかかわらず，一度も届出をせず住民基本台帳に記録されていない場合は，国外から転入した場合に当たるので，転入先市町村においては，住基法第30条の46の届出として受けることになります。

他方，当該者が，入国後に届出等し，一旦住民票が作成されている場合は，その後，届出をせず住所を転々としていた間があっても，新たに市町村の区域内に住所を定める場合に当たるので，転出証明書を添えた住基法第22条の届出として受けることになります。

（注） 転出届は，転出をした日から14日以内に限り転出届を受理することが

でき，この期間を経過した日以後は，転入届に添付すべき書類として発行した旨を記載した転出証明書に準ずる証明書又は消除した住民票の写しの交付が行われるため，当該書類が添付された住基法第22条の届出を受けることになります。

Q17

　A市において不現住が判明したことにより職権で住民票が消除された外国人住民が，住所を定めたとして転入の手続に来庁しています。この場合，住基法第何条の届出として受けることとなりますか。

A　本件は不現住の判明により職権で住民票は消除されてはいますが，住民基本台帳に記録されていないものではないので，住基法第30条の46ではなく，前住所地からの転出証明書に準ずる証明書等を添えた住基法第22条による届出として受けることが適当と考えます。

第1　Q&A

Q18

永住者である外国人住民が，不現住により住民票が職権消除された後5年以上国外転出もなく転々とし，その後ある市町村に住所を定め届出があった場合，除票の提出が可能であれば住基法第22条による転入となると思いますが，消除した住民票の保管期間経過等，除票の提出が物理的に不可能な場合は，住基法第22条第1項第7号により住民票を作成するのでしょうか。

A　転出証明書を添えない届出があった場合，原則として，前住所地で発行される転出証明書に準ずる証明書又は消除した住民票の写しの交付を受けた上で，転入手続を行う取扱いとしています。

　また，保管期間の経過等，物理的に提出が不可能など，やむを得ない理由により転出証明書を提出できない場合は，住基法第22条第1項第7号に基づき住民票を作成することとなります。

　なお，その場合は，通常の転入届の届出事項に加えて，「生年月日，男女の別，住基法第30条の45に規定する国籍等又は同条の表の下欄」についても届出事項としていることから，外国人住民から在留カード等の提示を求めることが適当です。

🚩 ポイント

　資格要件が一度も切れることなく継続しており，不現住により住民票が消除された外国人に係る転入届を受理する際は，まずは，不現住

により住民票が消除された以降の住所について当該者に確認します。そして，不現住により住民票が消除された以降の間，海外に住所を移していたことが確認できた場合は，住基法第30条の46に基づく届出として受理することとなります。一方，その間，国内を転々としていたような場合は，直近で住民票を消除した市町村からの転出証明書に準ずる証明書等を求め，これが添付された住基法第22条に基づく転入届として受理しますが，本件のように，保存期間の経過等，転出証明書（準ずる証明書や除票を含む。）の提出が物理的に不可能など，やむを得ない理由により提出できない場合は，住基法第22条第1項第7号に基づき，住民票を作成することとなります。なお，いずれの場合も，施行令第12条に基づく職権による住民票の作成ではなく，届出による住民票の作成となることに留意が必要です。

■参考■

外国人住民の転入に関して（パターン別の考え方）
　→34，35頁参照

第1　Q&A

	パターン	適条等	備考
1	国外から入国した外国人（資格要件を満たす者）が、初めてA市で住民登録をする場合 例：国外から入国し、入国に伴い中長期在留者となった者がA市に居住し転入手続をする場合 入国日：平成29年4月1日 A市に居住した日：平成29年4月6日	住基法第30条の46に基づく届出として受理する。	外国人住民となった年月日は、中長期在留等となった年月日又は住所となった年月日のうちいずれか遅い年月日を記載する（住基法第30条の45）ことから、左記事例の場合は、平成29年4月6日（A市に居住した日）となる。 また、従前の住所については空欄とする（事務処理要領第2−1−(2)−コ）。
2	国外から入国した外国人（資格要件を満たす者）が、A市に居住するも同市に転入届を出さず、B市で初めて住民登録をする場合 例：国外から入国し、入国に伴い中長期在留者となった者が、A市に居住したものの転入手続をせず、その後、B市に引っ越し、B市で転入手続を行う場合 入国日：平成29年4月1日 A市に居住した日：平成29年4月6日　←届出せず B市に居住した日：平成29年6月1日	（B市にて）住基法第30条の46に基づく届出として受理する。	外国人住民となった年月日は、中長期在留等となった年月日又は住所となった年月日のうちいずれか遅い年月日を記載する（住基法第30条の45）ことから、左記事例の場合は、平成29年6月1日（B市に居住した日）となる。従前の住所については空欄とする（事務処理要領第2−1−(2)−コ）。 また、入国後、住所を定めず転々として住所を定めていなかった中長期在留者が住所を定めたとして同市に転入届が出された場合も、住基法第30条の46に基づく届出として受理する。
3	A市に住民登録している外国人住民が、国外転出の届出をした上で出国。その後、再入国し、B市に住所を定め届出を行う場合（資格要件は継続中） 例：A市に住民票がある永住者が、国外転出の届出をし再入国許可による出国（みなし再入国許可出国を含む）。その後、再入国し、B市に住所を定めたとして転入手続する場合	住基法第30条の46に基づく届出として受理する。	A市で登録していた住民票情報は引き継がない（住民票コード及びマイナンバーは除く）。 外国人住民となった年月日は、中長期在留等となった年月日又は住所となった年月日のうちいずれか遅い年月日を記載する（住基法第30条の45）ことから、左記事例の場合は、B市に居住した日となる。従前の住所については空欄とする（住民基本台帳事務処理要領第2−1−(2)−コ）。 また、左記の事例において、A市に転出届をしなかった場合であっても、出国後、国外に住所を移していたと判断される場合や出国後、再入国し転出届出前と同じA市に転入する場合も、住基法第30条の46に基づく届出として受理する。
4	今まで、どの市町村においても住民登録をしたことがない外国人（資格要件は満たす者）で、住基法施行日以降、初めてA市で住民登録をする場合 例：平成21年改正住基法施行日以降、一度も住民登録の手続きをしたことがない永住者が平成25年12月1日にA市に居住し、12月8日に転入手続をする場合	住基法第30条の46に基づく届出として受理する。	A市に居住する以前（平成21年改正住基法施行後）の状況が ①住所を定めず転々としていた ②他市町村に居住していたが未届けの場合であっても、一度も住民基本台帳に記録されていない者であれば、住基法第30条の46による届出として受理する。
5	今まで、どの市町村においても、住民登録をしたことがなく（仮住民票もなし）、住基法施行日以前からA市に居住している外国人が初めてA市で住民登録をする場合 例：住基法施行日以前（例えば平成24年6月30日）から継続してA市に居住している永住者が（仮住民票も作成されず）、平成28年4月3日にA市で住民登録をする場合	平成21年改正住基法附則第5条に基づく届出として受理する（仮住民票事務処理要領第9−7）。	平成21年改正住基法施行（平成24年7月9日）の際に、外国人住民である者（仮住民票が作成・通知された者は除く。）については、施行日より14日以内に届け出なければならない（届出期間が経過しても届出義務は消滅しない）。
6	住基法の対象とならない在留資格で入国し在留していた外国人が、中長期在留者として在留カードの交付を受け、その後、A市に住所を定め住民登録をする場合 例：「短期滞在」の在留資格で入国し在留していた（住所は定めていない）外国人が、入管局で申請を行い、在留カードの交付を受けた。その後、A市に居住し、転入手続をする場合 入国日：平成28年4月1日 在留カードの交付を受けた日：平成28年6月1日 A市に居住した日：平成28年6月20日	住基法第30条の46に基づく届出として受理する。	外国人住民となった年月日は、中長期在留等となった年月日又は住所となった年月日のうちいずれか遅い年月日を記載する（住基法第30条の45）ことから、左記事例の場合は、平成28年6月20日（A市に居住した日）となる。 また、従前の住所については空欄とする（事務処理要領第2−1−(2)−コ）。
7	A市に住民登録していた外国人住民が、住基法の対象外（不法残留や在留資格の変更等）となり、住基法第30条の50による法務省通知に基づき住民票が消除された。その後、再び中長期在留者等となった後、新たにB市で住民登録をする場合 例：A市に住民登録をしていた外国人住民の在留資格が「短期滞在」に変更されたことにより、その旨の法務省通知に基づき住民票も消除された。その後、中長期在留者として在留カードを再び取得して、B市に居住地を移したとして住民登録をする場合	住基法第30条の46に基づく届出として受理する。	A市で登録していた住民票情報は引き継がない（住民票コード及びマイナンバーは除く）。 外国人住民となった年月日は、中長期在留等となった年月日又は住所となった年月日のうちいずれか遅い年月日を記載する（住基法第30条の45）ことから、左記事例の場合は、B市に居住した日となる。 また、従前の住所については空欄とする（事務処理要領第2−1−(2)−コ）。

届　出

8	住基法の対象とならない在留資格で入国し、A市に居住していた外国人が、中長期在留者として在留カードの交付を受けた後、A市において住民登録をする場合（住所要件を資格要件よりも先に満たしている場合） 例：「短期滞在」の在留資格で入国し、A市に居住していた外国人が、入管局で申請を行い、在留カードの交付を受けた。その後、A市で転入手続をする場合 入国日：平成28年4月1日 A市に居住した日：平成28年4月10日 在留カードの交付を受けた日：平成28年6月1日	住基法第30条の47に基づく届出として受理する。	外国人住民となった年月日は、中長期在留者等となった年月日又は住民となった年月日のうちいずれか遅い年月日を記載する（住基法第30条の45）ことから、左記事例の場合は、平成28年6月1日（在留カードの交付を受けた日）となる。 また、従前の住所については空欄とする（事務処理要領第2-1-(2)-コ）。
9	A市に住民登録していた外国人住民の在留資格の対象外（不法残留や在留資格の変更等）となり、住基法第30条の50による法務省通知に基づき住民票が消除された。その後、A市に居住したまま再び中長期在留者となった後、A市で改めて住民登録をする場合（パターン7との違いは、在留カード等を取得した際に住所要件を満たしているという点（資格要件よりも住所要件が先）） 例：A市に住民登録をしていた外国人住民の在留資格が「短期滞在」に変更されたことにより、その旨の法務省通知に基づき住民登録も消除された。その後、中長期在留者として在留カードを再び取得して、引き続き居住していたA市で住民登録をする場合	住基法第30条の47に基づく届出として受理する。	過去に登録していた住民票情報は引き継がない（住民票コード及びマイナンバーは除く）。 外国人住民となった年月日は、中長期在留者等となった年月日又は住民となった年月日のうちいずれか遅い年月日を記載する（住基法第30条の45）ことから、左記事例の場合は、中長期在留者として在留カードの交付を受けた日となる。 また、従前の住所については空欄とする（事務処理要領第2-1-(2)-コ）。
10	A市にて住民登録していた外国人住民（特別永住者や永住者などで資格要件が継続している者）について、不現住などで住民登録が消除された。その後、当該外国人がB市に居住したとして住民登録をする場合 例：在留カード上の在留資格が永住者である外国人住民について、A市で住民登録をしていたが実態調査等により職権消除となった。その後、B市に住んでいるとしてB市で住民登録をする場合	転出証明書等（※）を添えた住基法第22条に基づく届出として受理する。 なお、住民登録がない期間に住所を有していたが未届であった場合（未届地が複数ある場合も含む）には、上記同様、転出証明書等を添付した住基法第22条の届出として受理するも、従前の住所欄には直前の未届地を記載する（「直前の住所（未届）」）。 また、住民登録がない期間に国外に住所を有していた場合には、国外からの転入になるため住基法第30条の46による転入として受理する。	※転出届は、転出をした日から14日以内に限り受理することができ、この期間を経過した日以後は、転入届に添付すべき書類として発行した旨を記載した転出証明書に準ずる証明書は消除した住民票の写しの交付が行われるため、当該書類が添付された住基法第22条の届出を受けることとなる。
11	A市にて住民登録していた外国人住民（特別永住者や永住者などで資格要件が継続している者）について、不現住などで住民登録が消除された。その後、少なくとも5年以上いずれの市町村においても住民登録をしていない当該外国人が、B市に居住したとして住民登録をする場合（除票又は転出証明書に準ずる証明書の提出ができない場合） 例：在留カード上の在留資格が永住者である外国人住民について、A市で住民登録をしていたが実態調査等により職権消除となった。その後、B市に住んでいるとしてB市で住民登録をしようとする場合、A市からすでに除票の保管期間が経過しているとして、物理的に除票の発行ができないとする場合	転出証明書に準ずる証明書又は除票の提出が、市町村における保管期間の経過等やむを得ない理由により提出できない場合には、住基法第22条第1項第7号に基づき住民票を作成する。また、この場合、外国人住民から、在留カード等の提示（※）を求める。 なお、住民登録がない期間に住所を有していたが未届であった場合には、上記同様、住基法第22条第1項第7号に基づき住民票を作成するも、従前の住所欄には直前の未届地を記載する（「直前の住所（未届）」）。 また、住民登録がない期間に国外に住所を有していた場合には、国外からの転入になるため住基法第30条の46による転入として受理する。	※通常の転入届の届出事項に加えて、生年月日、男女の別、住基法第30条の45に規定する国籍等又は同条の表の下欄」についても届出事項としていることから、外国人住民から在留カード又は特別永住者証明書の提示を求めることが必要である。
12	法務省通知により住民登録が消除された本人（代理人含む）から、転出証明書等の交付を求められた場合の対応について。	転出証明書等は交付しない。在留カード等を持参してもらった場合には、転入先区市町村にて住民登録の手続きを行ってもらう。	法務省通知により住民票が消除された者が、新たに転入届を行う場合は、住基法第30条の46又は住基法第30条の47に基づく届出となることから、転出証明書等は不要。

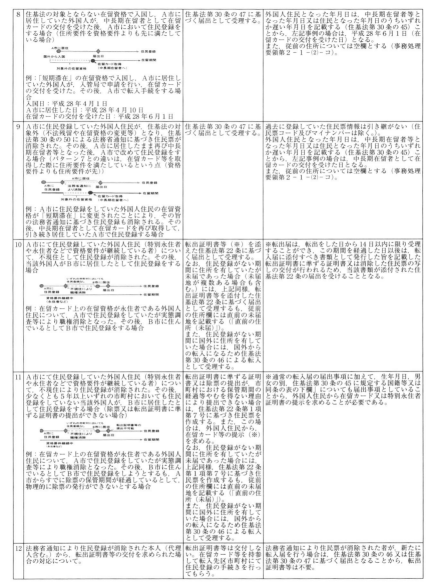

出典：市町村自治研究会作成

第1　Q&A

Q19

外国人の転入の届出において，届出の内容に疑義がある場合，住民票の記載等の処理はどのようにすればよいでしょうか。

A　日本人の取扱いと同様に，転入の届出があった場合，転入の事実が疑わしいときなど，届出書の記載の内容その他の事情を総合的に判断し，事実に反する疑いがあるときは，住基法第34条第2項の規定により調査し，その事実を確認します。事実認定をするまでは，当該届出の受付をしても住民票の記載は保留し，転入の事実を確認後，記載を行うことが適当です。

転入の事実が存在しないことが判明した場合は，当該者の転入届を受理しないこととなります。

■参照法令等■

事務処理要領第4－2－(2)－ウ

【住基法第 30 条の 46・第 30 条の 47 関連】

Q20

住基法第 30 条の 46 の転入届において，中長期在留者が上陸許可に伴い交付された在留カードを持参していない場合，届出を受理することはできますか。

A 　住基法第 30 条の 46 の届出においては在留カード等を提示しなければならないと規定されています。したがって，この場合，届出を受理することはできません。在留カードを持参の上，再度届出に来るよう案内することとなります。

　なお，当該者が在留カードを紛失している場合は，先に地方入国管理官署で在留カードの再交付を受けてから同法第 30 条の 46 の届出を行うよう案内することが適当です。

第1　Q&A

Q21

住基法第30条の46の転入届において，在留カードが即時交付されない出入国港で上陸許可を受けたために中長期在留者が在留カードを所持していない場合，届出を受理することはできますか。

A　出入国港において上陸許可により中長期在留者となった者に対しては，原則として上陸許可を与えた地方入国管理官署が即時に在留カードを交付しますが，一部の出入国港では，即時に在留カードを交付しておらず，この場合には，当該中長期在留者の旅券に，後日在留カードを交付する旨の記載がされることとなります。

したがって，当該者に係る住基法第30条の46の届出においては，在留カードの代わりに後日在留カードを交付する旨の記載を受けた旅券を提示させて届出を受理することとなります。旅券の券面には氏名，出生の年月日，男女の別，国籍等が表示されており，また，上陸許可時に入国審査官が旅券に貼付又は押印する証印には，在留資格，在留期間，在留期間の満了の日及び交付予定の在留カードの番号が記載されていることから，これらを当該者に係る住民票に記載することとなります。

なお，この場合，住基法の届出にあわせて入管法第19条の7による住居地の届出をしたとみなされ，その旨の市町村通知をすることにより，カード表面の「住居地欄」に当該住居地が印字された在留カードが，本人あてに郵送されるものと承知しています。

届出（住基法第 30 条の 46・第 30 条の 47 関連）

■ **参照法令等** ■ ─────────────────────────
平成 21 年改正入管法附則第 7 条第 1 項

■ **参考** ■ ─────────────────────────
○在留カードが即日交付される出入国港について
　　→ Q 3 参照
○後日在留カードを交付する旨の記載は，当該者の旅券に次の様式による証印によって行われると承知しています。

```
┌─────────────────┐
│  在留カード後日交付  │
│                 │
│  日本国入国審査官   │
└─────────────────┘
```

（注）縦16ミリメートル，
　　　横36ミリメートルとする。

Q22

国外転出届を行い出国した 16 歳未満の中長期在留者が，出国中に 16 歳の誕生日を迎えた後に入国し，住基法第 30 条の 46 の届出を行うために来庁しています。当該者の所持する在留カードに記載の在留期間（満了日）は，まだ到来していませんが，誕生日を迎えたことで在留カードの有効期間が過ぎています。この場合，届出を受理することはできますか。

A 在留カードの交付の日に 16 歳未満だった者が 16 歳の誕生日を過ぎても在留カードの有効期間更新を行っていなければ，本件のように，在留資格を有しているものの有効な在留カードを所持していない状況となります。この場合，住基法第 30 条の 46 の届出があっても，これを受理することはできません。

したがって，当該者に対し，先に地方入国管理官署で有効な在留カードの交付を受けてから，住基法第 30 条の 46 の届出を行うよう案内することが適当です。

■ 参照法令等 ■

入管法 19 条の 5

届出（住基法第 30 条の 46・第 30 条の 47 関連）

■ 参考 ■

在留カードの記載事項（見本）

表面

裏面

41

Q23

国外転出の届出を行った上で再入国許可(みなし再入国許可を含む。)により出国した中長期在留者が、その後、再入国し、転出前と同じ住所地に転入する場合、どのように対応すればよいでしょうか。

A 　本件は中長期在留者が国外から転入した場合に当たるので、住基法第30条の46の届出により住民票を作成することとなります。この届出においては在留カードの提示が必要であり、住民票の身分事項等は在留カードのとおり記載しますが、住民票コード及び個人番号については、当該者の従前の住民票に記載された住民票コード及び個人番号を引き継ぐこととなります。

　なお、中長期在留者が再入国許可(みなし再入国許可を含む。)により出国し再入国した場合、住民票が消除されていても、その在留資格等は継続しており、当該者が所持する在留カードには、入管法上の住居地が記載された状態であり、今般、この住居地に変更は生じていないことから、入管法上の住居地届出については行う必要がなく、在留カードに同じ住居地は記載しないものと承知しています。

❗ポイント

特別永住者の場合も同様の取扱いとなります。

■参考■

○再入国許可とは……本邦に在留する外国人が一時本邦外へ出国した

後，再び入国する場合に，入国・上陸の手続を簡略化する目的で法務大臣が当該外国人に与える許可のこと。通常本人の所持する旅券に証印として与えられる（入管法第26条）。

○**みなし再入国許可とは**……本邦に在留する外国人で有効な旅券を所持している者のうち，「3月」以下の在留期間を決定された者及び「短期滞在」の在留資格をもって在留する者以外の方が，出国の日から1年又は在留期間の満了の日のいずれか早い日まで（特別永住者は，出国の日から2年以内（入管特例法第23条））に再入国する場合には，原則として上記の再入国許可の取得を不要とするもの（入管法第26条の2）。

　みなし再入国許可は，上記再入国許可のように証印で示されるものではなく，これにより出国しようとする場合に，有効な旅券（中長期在留者は旅券及び在留カード）を所持し，出国時に入国審査官に対して，みなし再入国許可による出国を希望する旨の意図を表明する必要があります。

第1　Q&A

Q24
再入国許可により出国した外国人住民が，転出届をしていなかった場合において，当該者が再入国し，出国前の住所地市町村と別の市町村に転入するとき，どのように対応すればよいでしょうか。

A　本件では，住所を出国前の市町村から海外に移していたとするのか，移していなかったとするのかが，判断のポイントとなります。住所を出国前の市町村から海外に移していたと判断した場合は，外国人が国外から転入した場合に当たりますので，転入先市町村においては，住基法第30条の46の届出により住民票を作成することとなります。なお，この場合，出国前の住所地市町村に，住基法第30条の46の届出があった旨を連絡することが適当であり，連絡を受けた出国前の住所地市町村は，施行令第12条第3項に基づき職権で住民票を消除することとなります。

他方，出国前の市町村から住所を海外に移していなかったと判断した場合は，出国前の市町村で転出の手続を行った後，住基法第22条に基づく転入届により住民票を作成することとなります。

■ 参照法令等 ■

平成24年10月29日事務連絡「外国人住民に係る住民基本台帳事務の取扱いについて」問3

届出（住基法第 30 条の 46・第 30 条の 47 関連）

Q25

中長期在留者として新規入国した外国人がA市に住所を定めたものの，A市では転入の届出をせず，その後，B市に住所を移して転入届を行った場合，B市では住基法第何条の届出として住民票を作成することとなりますか。

A 本件は，住基法第 30 条の 46 に規定する総務省令で定める場合，具体的には，施行規則第 48 条第 1 号「法第 30 条の 46 に規定する中長期在留者等で，住民基本台帳に記録されていないものが新たに市町村の区域内に住所を定めた場合」に該当するので，B市において，住基法第 30 条の 46 の届出として住民票を作成することとなります。

❗ ポイント

中長期在留者が新規入国後，住所を定めないまま在留していた後，B市に初めて住所を定め転入の届出を行った場合も，住基法第 30 条の 46 に基づく届出となります。

第1　Q&A

Q26

A市に住所を有していた中長期在留者について，在留期間の経過に係る法務省通知に基づき住民票が消除されました。後日，当該者は改めて中長期在留者となりましたが，A市で住基法第30条の47の届出を行わず，その後，B市に住所を移して転入届を行った場合，B市では住基法第何条の届出として住民票を作成することとなりますか。

A

　本件は，住基法第30条の46に規定する総務省令で定める場合，具体的には，施行規則第48条第2号「日本の国籍を有しない者（住基法第30条の45の表の上欄に掲げる者を除く。）で，住民基本台帳に記録されていないものが法第30条の46に規定する中長期在留者等になった後に転入をした場合」に該当するので，B市において，住基法第30条の46の届出として住民票を作成することとなります。

届出（住基法第 30 条の 46・第 30 条の 47 関連）

Q27

入国後，いったん A 市にある研修センターへ滞在し，今般，B 市へ住所を定めたとする中長期在留者の転入届について，住基法第何条の届出として住民票を作成することとなりますか。なお，A 市では住民票は作成されず，入管法上の住居地の届出のみ行われています。

 本件は，住基法第 30 条の 46 により住民票を作成することとなります。

Q28

中長期在留者の住民票について，住基法対象外の在留資格に変更された旨の法務省通知に基づき職権で消除しましたが，その後，当該者が同じ住所を有したまま再び中長期在留者となった場合，住基法第何条の届出として住民票を作成することとなりますか。

A 本件のように，住民票があり，同じ住所を有していたとしても，一旦中長期在留者でなくなった者が改めて中長期在留者等となった場合は，市町村の区域内に住所を有するものが中長期在留者等となった場合であることから，住基法第30条の47の届出として住民票を作成することとなります。

届出（住基法第 30 条の 46・第 30 条の 47 関連）

Q29

在留資格「短期滞在」の上陸許可を受けて入国した外国人が，当市に居住していたところ，今般，中長期在留者に該当する在留資格への変更許可を受け，在留カードを持参して住基法第 30 条の 47 の届出に来庁しています。住民票に記載する「外国人住民となつた年月日」を入国日とすることは可能ですか。

A　「外国人住民となつた年月日」は，住基法第 30 条の 45 の表の上欄に該当する者となつた年月日又は住民となつた年月日のうち，いずれか遅い年月日を記載することと規定しています。したがって，本件の場合，入国した際は，「短期滞在」の在留資格であったことから住所を定めていたとしても外国人住民に該当せず，その後，地方入国管理官署において，中長期在留者として在留カードの交付を受けた際に，その対象となったため，本件における「外国人住民となつた年月日」とは，在留カードが交付された日であり，入国日を記載することは適当ではありません。

■ 参照法令等 ■

事務処理要領第 2 − 1 −(2)−ト

第1　Q&A

Q30

出生による経過滞在者として住民票があった外国人住民について，在留資格を有することなく60日を経過したとの法務省通知に基づき，住民票を消除しました。10日後，当該者は地方入国管理官署で中長期在留者となり在留カードを交付され，その当日に来庁しました。この場合，住民票はどのように作成することとなりますか。

A　住所を有しているものの在留資格のない者が中長期在留者となった場合は，住基法第30条の47の届出により住民票を作成することから，本件はこれに該当します。なお，記載事項の「外国人住民となつた年月日」は，住基法第30条の45の表の上欄に掲げる者となった年月日又は住民となった年月日のうち，いずれか遅い年月日を記載するものであり，本件においては在留カードに記載されている中長期在留者となった年月日となります。

❗ ポイント

　法第30条の46又は法第30条の47の届出により作成する住民票については，日本人の場合と異なり，「従前の住所」は記載する必要はありません（事務処理要領第2－1－⑵－コ）。また，本国での住所を「従前の住所」として記載してほしい旨の要望があっても，これに応じることは適当でありません。

　また，「外国人住民となつた年月日」は，法第30条の45の上欄に掲げる者となった年月日又は住民となった年月日のうち，いずれか遅

届出（住基法第30条の46・第30条の47関連）

い年月日となります（事務処理要領第2－1－(2)－ト）。

「住所を定めた年月日」は，一の市町村の区域内において転居をしたことのない者については記載をする必要はないので，空欄となります（事務処理要領第2－1－(2)－ク）。

■参考■

地方入国管理官署への「在留資格取得の許可申請」に関し，当該申請が，出生の日から30日以内に行われたものである場合は，経過滞在者としての期間経過後に，当該申請が許可となった際の「在留資格取得許可年月日」は，出生の日から60日後の翌日に遡るものと承知しています。この場合の法務省通知ですが，一旦は，「経過滞在者としての期間経過」に伴う住民票の消除に係る通知が届きますが，在留資格取得許可がなされると，それに伴い，「誤った法務省通知の訂正」及び「在留資格を取得」した旨の法務省通知が届きますので，この場合，おって届いた法務省通知に基づき，消除した住民票を回復するとともに許可された内容（在留資格，在留期間等）を，住民票に反映（記載事項の修正）することとなります。

第1　Q&A

【住基法第22条関連】

Q31

外国人住民からの住基法第22条の転入届において，転出証明書は持参していますが，在留カードや特別永住者証明書の提示がない場合，届出を受理することはできますか。

A　外国人住民の住基法第22条の届出においては，在留カード等の提示は義務づけられていないため，転出証明書の添付があれば転入の届出を受理することは可能です。

ただし，入管法及び入管特例法上，在留カード又は特別永住者証明書を提出して住基法上の転入の届出をしたときは，法務大臣への住居地の変更届出とみなすこととされていることから，これらの提示がない場合は入管法及び入管特例法上の届出はできないこととなります。

したがって，外国人住民の便宜の観点から，在留カード又は特別永住者証明書の提出を促すことが望ましいとされています。

❗ポイント

住基法上の転入届のみを受け付けた場合は，当該者は，入管法又は入管特例法上の住居地の変更の届出を履行していないことから，後日在留カード又は特別永住者証明書を持参の上，入管法又は入管特例法上の届出を行っていただく必要があります。

■ 参照法令等 ■
- 入管法第19条の9第3項
- 入管特例法第10条第5項
- 事務処理要領第4－2－(1)－イ

届出（住基法第 22 条関連）

Q32

住基法第 22 条の転入届があった際には，在留カード等の提示を求めていますが，住基法上の届出のみを先に受理し，後日，入管法及び入管特例法上の住居地に係る届出を受理することもあります。このような場合，特に留意する点はありますか。

A　外国人住民が，在留カード又は特別永住者証明書を提出して住基法上の転入届又は転居届をしたときは，法務大臣への住居地の届出とみなすこととされていますので，外国人住民の便宜の観点から，これらの提示を促すことが望ましいところ，先に住基法上の届出を受理するケースもあり得るものと考えます。この場合，住基法上の届出により住民票を作成，修正等することとなるので，直ちに法務省に対して，この旨を通知（市町村通知）する必要があります。この際，法務省と情報連携する際の「異動事由コード」については，「住基法のみ」のコードを指定して送信するものと承知しています。

また，後日，在留カード又は特別永住者証明書の提出を確認して入管法又は入管特例法上の届出を受理する際には，当該届出は単独で行われているため，入管法施行規則又は入管特例法施行規則に定める「住居地届出書」を求めた上で，在留カード又は特別永住者証明書の裏面に住居地を記載し，住居地の届出がなされた旨の市町村伝達を行うものと承知しています。なお，この際の「異動事由コード」については，「入管法等のみ」のコードを指定して送信することに留意が必要です。

第 1　Q&A

■ **参照法令等** ■────────────────────────
- 入管法第 19 条の 9 第 3 項，第 61 条の 8 の 2
- 入管特例法第 10 条第 5 項
- 入管法施行令第 2 条
- 入管特例法施行令第 3 条
- 入管法施行規則第 19 条の 8
- 入管特例法施行規則第 6 条
- 事務処理要領第 4 － 2 －(1)－ イ

届出（住基法第 22 条関連）

Q33

外国人住民が，住基法第 22 条の転入届を行うために，転出証明書と外国人登録証明書を持参して来庁しています。しかしながら，外国人登録証明書は，一定期間，在留カードとみなされていましたが，平成 27 年 7 月 8 日までに在留カードに切り替えなければならないものと承知しています。当該者は，在留資格「永住者」と記載された外国人登録証明書を提示しています。この場合，転入届を受理し，外国人登録証明書に住居地の記載をしてもよいでしょうか。

A 外国人住民が住基法第 22 条の転入届を行う場合，転出証明書の提出は必要ですが，在留カード（在留カードとみなされる外国人登録証明書を含む。）の提示は義務とはされていません。

また，永住者の方は，外国人登録証明書から在留カードへの切替申請を申請期間内に行わなかったとしても，そのことのみをもって永住者の在留資格に影響が及ぶものではないものと承知しています。

したがって，転出証明書や外国人登録証明書の記載内容から当該者が永住者であることが確認できれば，転入届を受理して差し支えありません。また，この際，住民票は，当該者から提出された転出証明書に記載されている情報のとおり作成し，市町村通知を送信します

なお，入管法上，在留カード（在留カードとみなされる外国人登録証明書を含む。）を提出して転入届をしたときは，法務大臣への住居地の変更届出とみなすこととされています。本件については，お見込

第1　Q&A

みのとおり，永住者の方に係る外国人登録証明書は平成27年7月8日をもって有効期間が満了しており，地方入国管理官署にて在留カードに切り替えた上で，別途，入管法に規定する「住居地の変更届出」をしていただくことになると承知しています。

❗ ポイント

　特別永住者の場合も同様の取扱いとなります。

　また，特別永住者が，所持する外国人登録証明書を切り替えた場合は，法務省から，在留カードではなく特別永住者証明書が，市町村を経由して本人に交付されます。

　なお，特別永住者証明書については，外国人住民から，その切替えのための交付申請があった後，法務省から送付される当該者の特別永住者証明書（切替え後のもの）を接受する前に，当該特別永住者証明書の発行に伴う法務省通知が当該市町村へ送信されます。しかしながら，特別永住者証明書は，申請した本人に交付された時点から有効となるため，市町村においては，特別永住者証明書を本人に交付したタイミングで，当該法務省通知に基づき住民票を修正し，この際，法務省との情報連携端末により，その交付日等について市町村通知を送信するものと承知しています（具体的には，未交付特別永住者証明書リストに交付日を入力することにより行います。）。

■参考■

○特別永住者証明書としてみなされる外国人登録証明書の有効期間について
　(1)　平成24年7月9日の時点で16歳以上であった方
　　ア　外国人登録証明書の次回確認（切替）申請期間の始期とさ

れる誕生日が平成27年7月8日までに到来する方
　　→平成27年7月8日まで
　イ　お持ちの外国人登録証明書の次回確認（切替）申請期間の始期とされる誕生日が平成27年7月9日以降に到来する方
　　→当該誕生日まで
(2)　平成24年7月9日の時点で16歳未満であった方
　　→16歳の誕生日まで
　※　在留カードとしてみなされる外国人登録証明書は，平成27年7月8日をもって有効期間が満了しており，すべて在留カードへ切り替えなければなりません。
　詳細は，入国管理局ウェブサイト上のご案内をご参照ください。
　　http://www.immi-moj.go.jp/eiju/index.html

Q34

外国人住民から住基法第22条の転入届が提出されました。添付の転出証明書に記載されている在留期間の満了の日が既に経過していますが，当該者の在留カード裏面には「在留期間更新許可申請中」の押印があります。この場合，転入届を受理し，当該者の在留カードに住居地の記載をしてもよいでしょうか。

A 　外国人が在留期間の満了の日までに，地方入国管理官署へ在留資格変更許可申請又は在留期間更新許可申請を行い，当該申請に対する処分が在留期間の満了の日までになされないときは，在留期間の満了の日から最長2か月間は「特例期間」として引き続きその在留資格で在留することが可能であるとされています。

したがって，外国人の転入届の際に転出証明書に記載されている在留期間満了の日が既に経過している場合は，特例期間中であるかどうかを確認する必要があり，特例期間中である場合は，在留カード裏面に「在留期間更新許可申請中」又は「在留資格変更許可申請中」である旨が記載されています。当該記載が確認できた場合は，在留期間の満了の日から2か月を超えていないことを確認した上で，転入届を受理することとなります。

また，入管法上，在留カードを提出して転入届をしたときは，法務大臣への住居地の変更届出とみなすこととされており，特例期間中として有効な在留カードの提出があった場合は，裏面に住居地を記載するものと承知しています。

届出(住基法第 22 条関連)

❗ポイント

　本件の場合,住民票に記載する「在留期間の満了の日」は,特例期間を含めた2か月先の日付けではなく,在留カードに記載されている「在留期間(満了日)」のとおり記載します。また,住民票の写し等の交付請求があった場合は,在留資格,在留期間及び在留期間の満了の日は,在留期間を経過している状態のまま交付します。

■ 参照法令等 ■

　入管法第 19 条の 9,第 20 条第 5 項,第 21 条第 4 項

第1　Q&A

Q35

中長期在留者の住基法第22条の転入届において，転出証明書と在留カードで氏名や在留資格等の記載内容が異なっている場合，住民票の記載事項は，転出証明書と在留カードのどちらに基づいて記載すればよいでしょうか。

A　住基法第22条の届出に基づき住民票を作成する場合，記載事項については原則として転出証明書に基づいて記載します。しかしながら，中長期在留者については，転出届を行った後で地方入国管理官署において身分事項の変更や在留資格の変更等が認められ，新たな在留カードが交付されることもあり，この場合，転出証明書と在留カードの記載事項が異なることとなります。また，前市町村が法務省通知の内容を住民票に反映させていなかった場合も同様の状況が生じることとなります。

いずれの場合であっても，中長期在留者の住民票の記載事項中，本人の氏名，出生の年月日，男女の別，国籍等及び住基法第30条の45の表の下欄に掲げる事項は，中長期在留者に交付された在留カードの記載と一致しなければならないとされていることから，これらの事項については，在留カードの記載に基づき住民票に記載することとなります。

■ **参照法令等** ■

事務処理要領第1－6

届出（住基法第 22 条関連）

Q36

外国人住民が転入の届出を行うために来庁していますが，在留カードを所持しているものの転出証明書は所持していません。本人によると，2 年前に前住所地を転出したときに届出をせず，その後は住所を定めず転々としていたとのことです。前住所地の市町村に確認したところ，当該者の住民票は不現住により職権消除していたことが判明しました。本件についてはどのように対応すればよいでしょうか。

A 当該者が所持する在留カードから，継続して中長期在留者であることが確認できた場合，住基法第 22 条の届出に基づき住民票を作成することとなります。そのため，前住所地の市町村から転出証明書に準ずる証明書又は消除した住民票の写しの交付を受けてから，同法第 22 条の届出をするよう案内することとなります。

❗ ポイント

前住所地において住民票が消除された後，一旦，中長期在留者等の資格要件を失い，再度，同要件を満たした場合や国外に生活の本拠を移していた場合は，住基法第 30 条の 46 又は 30 条の 47 に基づく届出となります。

→ Q18 ポイント参照

【住基法第 24 条関連】

Q37
外国人住民が国外に住所を移す場合，転出の届出をする必要はありますか。

　　外国人住民も，日本人と同様，市町村の区域外に生活の本拠たる住所を移すときは転出の届出を行う必要があります。

■ 参照法令等 ■
　住基法第 24 条

届出（住基法第 24 条関連）

Q38

外国人住民（中長期在留者）が，転出手続のため来庁しています。当該者の在留カードは在留期間の満了日が既に経過しており，裏面にも，入国管理局において申請中である旨の押印も確認できません。この場合，転出届を受理してよいのでしょうか。

A 本件は，在留カードにより，特例期間中でないことを確認しており，当該者は，在留期間の満了日を経過したことにより住民基本台帳の対象外となっていることから，転出届を受理することはできません。

なお，通常，法務省から住所地市町村に対して，在留期間満了日の翌日に住民票の消除に係る法務省通知が送信されるものと承知しており，これに基づき住民票は消除しますので，当該通知が届かない場合は，法務省に問い合わせていただくことが適当です。

❗ポイント

在留資格を有する外国人（30 日以下の在留期間を決定されている者を除く。）が在留期間の満了の日までに，地方入国管理官署へ在留資格変更許可申請又は在留期間更新許可申請を行い，当該申請に対する処分が在留期間の満了の日までになされないときは，在留期間の満了の日から最長 2 か月間は「特例期間」として引き続きその在留資格で在留することが可能です。

したがって，在留カードの券面における在留期間満了の日が既に経

第1　Q&A

過している場合であっても特例期間中であるかどうかを確認する必要があり，特例期間中である場合は，在留カード裏面に「在留期間更新許可申請中」又は「在留資格変更許可申請中」である旨が記載されているので，当該記載が確認できた場合は，在留期間の満了の日から2か月を超えていないことを確認した上で，転出届を受け付けることとなります。

■**参照法令等**■

　入管法第20条第5項，第21条第4項

Q39

「仮滞在許可書」を所持している外国人住民が，転出手続のため窓口に来庁していますが，留意する点はありますか。

A　「仮滞在の許可」を受けた外国人には，法務大臣から「仮滞在許可書」が交付され，当該者は，許可を受けている間は，同許可書を常に携帯する必要があると承知しています。

　また，仮滞在の許可を受けた者には，法務大臣によって住居や行動範囲が制限されるほか，本邦における活動についても，就労は禁止されるなど，種々の条件が付されており，当該条件は仮滞在許可書により確認することができます。

　したがって，仮滞在許可書を所持する外国人住民が，転出入などの住所異動のため，市町村の窓口に来庁した際は，当該者が所持する仮滞在許可書の住居欄を確認し，地方入国管理官署において住居の変更の承認を受けていない場合には，まずは仮滞在の許可を受けた地方入国管理官署に対して，住居等に係る仮滞在許可条件の変更を申し出ていただくことになるため，その旨を案内していただくことが適当です。

■ 参照法令等 ■

　入管法第61条の2の4第1項～第3項

第1　Q&A

Q40

２年前に国外転出の届出を行わずに再入国許可により出国したまま現在に至っている外国人住民について，海外にいる本人の代理人が転出の届出を行うために来庁しました。本件についてはどのように対応すればよいでしょうか。

A　転出届はあらかじめ行うこととされていますが，事情により住所を移すまでの間に届出を行うことができない場合等には，転出をした日から14日以内に限り転出届を受理することができる取扱いですので，転出をした年月日を２年前の出国日とする転出届については受理することはできません。

この場合，代理人による転出の届出があったことを端緒に当該者が市町村の住民でないことを確認できたのであれば，職権で住民票を消除することが適当です。

■参照法令等■
- 事務処理要領第４－３－(4)
- 施行令第12条第３項

届出（住基法第 24 条関連）

Q41

中長期在留者の住民票について，在留期間が経過した旨の法務省通知に基づき職権で消除しましたが，その後，当該者から，再び中長期在留者になり別の市に転入の届出をするので，転出証明書を交付してほしいとの請求がありました。どのように対応すればよいでしょうか。

A 　住民票の消除に係る法務省通知があったときは，当該者が中長期在留者等でなくなったときであるので，その後，再び中長期在留者となり，別の市町村に転入の届出を行う場合は，住基法第 22 条ではなく同法第 30 条の 46 又は同法第 30 条の 47 の届出によることとなります。したがって，この場合，請求があっても転出証明書又は転出証明書に準ずる証明書等を交付する必要はありません。

第1　Q&A

【住基法第 30 条の 48，第 30 条の 49 関連】

Q42

世帯主でない外国人が転入届等により世帯主（外国人）との続柄を届け出た場合，日本人であれば戸籍の記載により世帯主との続柄を確認できますが，外国人住民についてはどのようにすればよいでしょうか。

A　本件の場合，市町村にて世帯主との親族関係を確認することができないため，世帯主との続柄を証する文書を添えて届出をすることと規定されています。

　また，この続柄を証する文書が外国語によって作成されたものであれば，翻訳者を明らかにした訳文を添付しなければならないとされています。

■ 参照法令等 ■
- 住基法第 30 条の 49
- 施行規則第 49 条

届出（住基法第 30 条の 48，第 30 条の 49 関連）

Q43

住基法第 30 条の 48 又は第 30 条の 49 に定められている「世帯主との続柄を証する文書」は，原本である必要はありますか。

A 「世帯主との続柄を証する文書」については，原則として原本（オリジナル）を提出してもらうものであり，写しの提出を認めることは想定されません。

Q44

続柄を証する文書を添えた届出において，外国人住民から当該文書の還付を求められた場合，これに応じてよいでしょうか。

A この場合，当該文書を確認し，写しを取った上で，還付の求めに応じて差し支えありません。なお，当該写しに，続柄を証する文書を確認後，還付した旨を記録することが適当です。

■ 参照法令等 ■

平成 24 年 7 月 10 日総行外第 21 号通知『「続柄を証する文書」に係る質疑応答について』問 1

第1　Q&A

Q45

続柄を証する文書が外国語の場合，翻訳者を明らかにした訳文を添付しなければならないとされていますが，どこまで明らかにする必要がありますか。また，訳文の信憑性についてどのように確認すべきでしょうか。

A　戸籍の届出書に添付する外国語で作成された書類の訳文の場合に準じて取り扱う等，市町村の判断において，翻訳者が明らかであり，その訳文が正確であると確認できる方法により行うことが適当です。

届出（住基法第 30 条の 48，第 30 条の 49 関連）

Q46

世帯主（日本人），妻（外国人），妻の連れ子（外国人）の3人世帯が，国外から転入する場合，妻の連れ子の続柄を「妻の子」と記載するためには，続柄を証する文書は必要でしょうか。

A 世帯主が日本人である場合，住基法上の続柄を証する文書が必要な場合には該当しません。ただし，本件の場合，妻については，世帯主の戸籍で世帯主との身分関係を確認することができますが，妻の連れ子については，世帯主と血縁関係にないため，世帯主の戸籍では身分関係を確認できません。また，妻と妻の連れ子の間の身分関係についても，双方が外国人であり戸籍がないので，別途身分関係が明らかとなる資料がなければ，確認を行うことができません。

したがって，続柄の記載の正確性を確保するため，妻と妻の連れ子の間の身分関係を証する資料を求めることによって，間接的に日本人世帯主との続柄を確認した上で，「妻の子」と記載することが適当です。

第1 Q&A

Q47

A市に住む父，母，子の外国人世帯のうち，子がB市に転出しましたが，その後，A市の両親の世帯に再び転入し，届出を行った場合，続柄を証する文書が必要でしょうか。

A 　世帯主でない外国人であって，その世帯主が外国人住民であるものが転入の届出等を行う際に，消除された住民票，戸籍に関する書類，住基法第9条第2項通知に係る書面等，世帯主でない外国人住民とその世帯主との親族関係を明らかにすることができる書類を住所地市町村長が保存している場合は，続柄を証する文書の提出は不要とされています。

　一般的に親子関係は変動しませんので，当該者の除票で世帯主との続柄が子であることが確認できるものと考えます。

■ **参照法令等** ■
- 施行令第30条の29第4号
- 施行規則第50条第2号

届出（住基法第30条の48，第30条の49関連）

Q48

外国人住民の転入の届出等において，続柄を証する文書として住民票の写しが添付された場合，これにより確認できた続柄を住民票に記載してよいでしょうか。

A 外国人住民の世帯主との続柄を証する文書については，戸籍法に基づく届出に係る受理証明書又は結婚証明書若しくは出生証明書その他外国政府機関等が発行した文書であって，本人と世帯主との続柄が明らかにされているものとされていますが，住民票の写し又は記載事項証明書（消除された住民票の写し等を含む。）でも，届出のあった時点における世帯主との続柄を確認できる場合には，当該続柄を住民票に記載して差し支えありません。

なお，届出のあった続柄に疑義がある場合には，必要に応じ，口頭で質問を行ったり他の続柄を証する文書を求める等により，事実確認を行うことが適当です。

❗ポイント

外国人登録原票については，外登法が廃止となった平成24年度以前の届出時における世帯主との続柄については確認できますが，現在は当時の続柄から変更されている可能性もあるため，当該原票のほかに続柄を証する文書を求めることが適当と考えます。

■ 参照法令等 ■
- 事務処理要領第4－2－(1)－ウ
- 平成24年7月10日総行外第21号通知『「続柄を証する文書」に係る質疑応答について』問2

第1　Q&A

Q49

転入届の際，続柄を証する文書の提出がなかったことから，世帯主との続柄を縁故者と記載した外国人住民から，後日，続柄を証する文書を持参して，続柄を子としてほしいとの申出がありました。どのように対応すればよいでしょうか。

A　この場合，続柄に変更があったわけではないため，住基法第30条の48の規定に該当するものではありません。後日，続柄を証する文書が提出され正確な続柄が判明した場合は，施行令第12条第3項を根拠に職権で続柄の修正を行うこととなります。

届出(その他)

【その他】

Q50

平成21年改正住基法の施行日(平成24年7月9日)以前から現在まで同じ住所地に居住しているものの,仮住民票作成の基準日(平成24年5月7日)の時点で,登録原票上の在留期間が経過していたため仮住民票が作成されなかった外国人について,所持している在留カードと旅券により,実際は入管法上の在留期間更新許可に係る手続を行っており,継続して在留資格を有していたことが確認できました。この場合,住民票はどのように作成することとなりますか。

A 仮住民票は作成されていないが,平成21年改正住基法の施行の際,外国人住民としての要件を満たしている者については,施行日から14日以内に同法附則第5条に基づく届出を行うこととされています。そして,この届出を行わないまま現在も状況が変わっていない場合は,届出を行う義務は継続しています。

したがって,本人に同法附則第5条の届出を行わせて住民票を作成することとなります。

❗ポイント

平成21年改正住基法附則第5条に基づく届出により住民票を作成する場合の「外国人住民となつた年月日」は平成24年7月9日と記載します。また,「従前の住所」及び「住所を定めた年月日」は,空

第1　Q&A

欄とすることが適当です。

■ **参照法令等** ■──────────────────────────
- 平成21年改正住基法附則第5条第1項，第6条
- 仮住民票事務処理要領第4－2－(5), (6), 第9－5

届出(その他)

Q51

3月後半から4月にかけて、国外から入国等した多くの外国人留学生(中長期在留者)の転入届を受け付けることとなりますが、大学の職員が、外国人留学生の代理として来庁した場合、その転入届を受け付けることは可能でしょうか。

A 住基法に定める届出の方式等については、住基法第27条に規定されており、本件についても、同条第3項に規定する場合として、大学の職員が、当該外国人の代理人又は使者として委任状を提出し、当該外国人の依頼により転入届を行っていることが確認できれば、届出を受け付けることもできます。ただし、外国人に係る転入届の特例等(住基法第30条の46又は第30条の47)の場合、届出の際、当該外国人の在留カードの提示が義務づけられていることから、大学の職員に対して、同カードの提示を求めることとなります。

なお、上記届出の際に、在留カードが提示されることによりみなされる入管法上の住居地の届出又は住居地の変更届出においても、外国人本人から依頼を受けた者は、資料の提示等により依頼を受けたことを明らかにすることができれば、当該外国人に代わって届出ができる旨を規定しています。このため、委任状等により大学の職員を住居地の届出に係る代理人として確認できれば、同職員から提示された在留カードの裏面に、当該外国人の住居地を記載するものと承知しています。

また、中長期在留者である外国人には、在留カードの携帯義務がありますが、代理による届出のために代理人に在留カードを預けること

については，やむを得ないことであり，当該手続のために必要な間，外国人本人が在留カードの携帯義務違反や提示義務違反に問われることはありませんが，代わりにパスポートの携帯義務がかかり，パスポートを携帯していなければ罰則の対象となるものと承知しています。

■ **参照法令等** ■
- 施行規則第8条の3
- 入管法第19条の7，第19条の8，第19条の9，第23条，第61条の9の3第3項
- 入管法施行規則第59条の6第1項，第5項

Q52

実の親であっても，親権者でなく別世帯である者は，子の住所異動等の届出をすることはできますか。また，監護権があった場合はどうでしょうか。

A 別世帯の親権者でない者は，同一世帯に属する者でもなく法定代理人でもないため，本人に代わって届出をすることはできません。したがって，親権者ではない別世帯の親から届出があった場合は，当該者が監護権を有していても，届出を受理することはできません。

なお，親権者（法定代理人）からの委任状があれば，当該者は任意代理人となりますので届出を受理することはできます。

第1　Q&A

職権による記載等

Q53
外国人の出生届が提出された場合，住民票を作成することはできますか。

A　外国人の出生届を受理したときは，出生した日から60日を経過していない場合は，出生による経過滞在者として職権で住民票を作成することとなります。

また，住所地以外の市町村から出生届を受理したことに係る住基法第9条第2項の通知を受けた場合も，同様に取り扱うこととなります。

■ 参照法令等 ■
事務処理要領第2－2－(2)－ア－(ア)，(カ)

Q54
日本人から国籍喪失の届出があった場合，住民票の処理はどのように行いますか。

A 日本人の国籍喪失届を受理したときは，国籍を喪失した日から60日を経過していない場合は，当該者の外国人住民としての住民票を作成し，又はその者に係る世帯の住民票に住基法第30条の45に規定する事項を記載するとともに，日本人としての住民票（世帯票が作成されている場合にあってはその住民票の全部又は一部）を消除し，その事由（国籍喪失）及びその事由の生じた年月日をそれぞれに記入します。

また，住所地以外の市町村から国籍喪失届を受理したことに係る同法第9条第2項の通知を受けた場合も，同様の処理を行うこととなります。

■ 参照法令等 ■
事務処理要領第2－2－(2)－ア－(エ)，(カ)

■ 参考 ■
国籍喪失により住民票の消除等をした場合の本人確認情報の異動事由は（住基法第30条の6），「職権消除等」及び「職権記載等」となり，この順に本人確認情報の通知を行います。異動日については，国籍喪失日を設定します。

第1　Q&A

Q55
外国人住民から帰化又は国籍取得の届出があった場合，当該住民の住民票はどのように取り扱うのでしょうか。

A　帰化をした者又は国籍を取得した者の日本人としての住民票を職権により作成し，又はその者に係る世帯の住民票に住基法第7条に規定する事項を記載するとともに，外国人住民としての住民票（世帯票が作成されている場合にあってはその住民票の全部又は一部）を職権消除し，その事由（帰化又は国籍取得）及びその事由の生じた年月日をそれぞれに記入します。また，この際に作成する日本人としての住民票について，帰化若しくは国籍取得の届出又は住基法第9条第2項の規定による通知に基づき，以下のとおり記載します。

①　住民となつた年月日（住基法第7条第6号）

　　外国人住民としての住民票に記載された「外国人住民となつた年月日」を記載します。

②　住所を定めた年月日（住基法第7条第7号）

　　外国人住民としての住民票に「住所を定めた年月日」が記載されていた場合については，当該記載されていた年月日を記載します。

③　住所を定めた旨の届出の年月日（又は職権で住民票を記載した年月日）（住基法第7条第8号）

　　職権により日本人としての住民票を作成した年月日を記載します。

④　従前の住所（住基法第7条第8号）

外国人住民としての住民票に「従前の住所」が記載されていた場合については，当該記載されていた住所を記載します。

　　また，戸籍の附票の「住所を定めた年月日」について，帰化の届出又は戸籍の附票記載事項通知（住基法第19条第1項）に基づき，外国人住民に係る住民票に記載された「外国人住民となつた年月日」を記載します。ただし，外国人住民に係る住民票に「住所を定めた年月日」が記載されていた場合については，当該記載されていた年月日を記載します。

⑤　住民票コード（住基法第7条第13号）及び個人番号（住基法第7条第8号の2）

　　従前の住民票コード及び個人番号（外国人住民としての住民票に記載されていたもの）を記載します。

■ 参照法令等 ■

- 事務処理要領第2－2－(2)－ア－(イ)，第3－1－(2)－エ
- 平成25年3月15日総行外第6号通知「外国人住民に係る住民基本台帳ネットワークシステムの適用に関する質疑応答について」問9

■ 参考 ■

　帰化又は国籍取得により住民票の記載等をした場合の本人確認情報の異動事由は（住基法第30条の6），「職権消除等」及び「職権記載等」となり，この順に本人確認情報の通知を行います。また，異動日については，帰化の告示日又は国籍取得日を設定します。

Q56
外国人として住民票が作成されている者に，以前から日本国籍があったことが判明した場合，どのように対応すればよいですか。

A まず，戸籍等により日本国籍を有していることが判明した場合は，外国人としての住民票を施行令第8条及び第12条第3項に基づいて消除します。

次に，日本人としての住民票を施行令第7条及び第12条第3項に基づいて作成します。その際，日本国籍を有していたことが明らかになったことにより記載・消除した経過がわかるよう備考として記載することが適当です。

また，日本人としての住民票の記載事項である「住民となつた年月日」（住基法第7条第6号）は，一の市町村内に引き続き住むようになった最初の年月日を記載し，「住所を定めた年月日」（住基法第7条第7号）は同一の市町村の区域内において転居をしたことのない者については，住民となった年月日と一致するため特段記載をする必要はありませんが，転居をした者については，現在の住所に転居をした年月日を記載します。

❗ポイント1

本ケースにおいて消除した外国人としての住民票は，本来作成されるべきではなかったものにつき，当該消除した住民票の写し等により居住関係を公証する必要性が認められると判断するような場合を除き，その交付請求に応じることは適当ではありません。

❗ポイント2

　本来作成されるべきでなかった外国人の住民票を消除し，日本人の住民票を作成する場合の都道府県知事あての本人確認情報の通知（住基法第30条の6）に係る異動事由は，「職権消除等」及び「職権記載等」となり，この順に本人確認情報の通知を行います。

　また，この際の異動日（事由が生じた年月日）は，外国人住民票を作成（記載）した際の異動日に遡って設定することが適当です。

■ 参照法令等 ■
事務処理要領第2－1－(2)－カ，ク

第1　Q&A

Q57
外国人住民が国内で死亡した場合，住民票の処理はどのように行いますか。

A　外国人住民が国内で死亡し，その死亡届を受理したときは，職権で住民票を消除することとなります。

また，住所地以外の市町村から死亡届を受理したことに係る住基法第9条第2項の通知を受けた場合も，同様に取り扱うこととなります。

■参照法令等■
事務処理要領第2－2－⑵－ア－㈬，㈮

Q58
外国人住民が国内で死亡し，戸籍法第87条に定める届出資格者がいないため死亡届が出されない場合，住民票を消除することはできますか。

A　戸籍法第87条に定める届出義務者又は届出資格者以外の者は，死亡の届出をすることはできませんが，当該者の死亡についての情報提供があり，死亡した事実を文書等で確認することができた場合は，住民票を職権で消除することとして差し支えありません。

なお，この場合は，施行令第12条第2項第1号ではなく，同施行令第12条第3項を根拠に消除することが適当です。

職権による記載等

Q59

外国人住民（中長期在留者）が国内で死亡したとのことで，当該者の配偶者が相談に来庁しています。遺体を母国にて火葬するため死亡届を提出せず，法務省に在留カードを返納することで手続を進めたいと希望しています。この場合，当該者の住民票はどのように処理するのでしょうか。

A 外国人が国内で死亡した場合，戸籍法は外国人にも適用されることから，日本人が死亡した場合と同様に，死亡届を提出しなければならないと承知しています。

したがって，本件については，戸籍法上の死亡届を受理した上で，施行令第12条第2項第1号に基づき住民票を消除し，その旨の市町村通知を法務大臣へ送信することが適当と考えます。

なお，当該者の在留カードは，死亡の日（死亡後に在留カードを発見するに至ったときは，その発見の日）から14日以内に，当該者の親族又は同居人が返納しなければならないため，最寄りの地方入国管理官署に直接赴いて返納していただくか，次の事務所に返納理由を添えて郵送するものと承知していますので，その旨を案内していただくことが適当です。

（在留カード返納郵送先）
〒135-0064
東京都江東区青海2-7-11　東京港湾合同庁舎9階
　東京入国管理局おだいば分室

■ 参照法令等 ■
入管法第61条の8の2，第19条の15第4項

Q60

外国人住民が国外で死亡した場合，住民票を消除することはできますか。

A 外国人が国外で死亡した場合，戸籍法の適用を受けないので，法令上の死亡の届出は行われませんが，当該者の死亡についての情報提供があり，死亡した事実を文書等で確認することができた場合は，住民票を職権で消除することとして差し支えありません。

なお，この場合は，戸籍法上の死亡の届出の受理によるものではないため，施行令第12条第2項第1号ではなく，同法施行令第12条第3項を根拠に消除することが適当です。

■参考■

Q58とQ60の場合は，戸籍法上の死亡の届出の受理に伴い住民票の消除を行った場合には当たらないため，本人確認情報の異動事由は（住基法第30条の6），「死亡」ではなく「職権消除等」として通知します。

職権による記載等

Q61
庁内の他部局からの情報提供を端緒に外国人住民に対して実態調査を行ったところ，当該者が不現住であることが確認できました。この場合，住民票を消除することはできますか。

A 　実態調査等により外国人住民が住民票上の住所に居住していないことを確認できた場合，施行令第12条第3項を根拠に職権で住民票を消除することとして差し支えありません。

　なお，事由の生じた年月日については，不現住である事実を把握した年月日になるものと考えますが，例えば実態調査において当該住居を実際に退出した年月日を把握できた場合や法務省入国管理局への出入国記録照会等により当該者の出国年月日が判明した場合には，当該年月日とすることもあり得ると考えます。

■参考■

「出入（帰）国記録等に係る照会に当たっての留意事項」（法務省入国管理局）

　　→第2 参考資料（198，199頁）参照

Q62

外国人世帯について，世帯主に対して出国した旨の法務省通知が届いたので当該者の住民票を消除しました。住民票が残った世帯員は世帯主の変更が生じることとなりますが，世帯変更の届出がなく，新たに世帯主となる者が確認できない場合，当該住民票の世帯主の記載等の処理はどのようにすればよいでしょうか。

A 日本人の取扱いと同様となります。すなわち，世帯主の変更があったものは，住基法第25条の世帯変更届が必要となりますが，届出に来ない場合は，まず同法第14条第1項に基づく催告等を行い，それでも届出がなかった場合，施行令第12条第1項に基づき職権で世帯主や続柄の記載の修正を行い，当該者に対し施行令第12条第4項の通知を行うことが適当です。

Q63

父，母，子の外国人世帯について世帯主である父に対して在留期間満了に係る法務省通知が届いたので住民票を消除し，母と子の2人世帯になりました。世帯主に変更があった者は世帯変更届が必要であるとされていますが，母が世帯主となることが明らかな場合でもこの届出は必要でしょうか。

A 転入又は転居を伴わずに世帯主に変更があった者は，基本的には住基法第25条の世帯変更の届出が必要ですが，本件のように世帯を構成する者のうち世帯主となる者が明らかである場合は，必ずしも届出を要さず，職権で世帯主の記載を修正して差し支えありません。

ただし，この場合は，当該者に対し施行令第12条第4項の通知をすることとなります。

Q64

父，母，子の外国人世帯について父と母に対して再入国許可の有効期間が経過した旨の法務省通知が届いたので住民票を消除しました。子については法務省通知がないので世帯で1人だけ住民票が残ることとなりますが，子が幼児である場合，住民票は子の1人世帯としてよいでしょうか。

A 父と母の住民票は法務省通知を受けたことにより消除しなければならないため，世帯のうち子の住民票だけが残ることとなります。この場合，当該世帯に属する者は一人となりますので，子の住民票について，住基法第25条の世帯変更届は必要なく世帯主との続柄を職権で「本人」に修正することとして差し支えありません。

なお，この場合において，当該子が幼児であるなど，子だけが本邦に滞在しているとは常識的に考えにくい場合，実態調査等を行い，不現住の事実を確認した上で，当該子の住民票を職権で消除することもあり得ると考えます。

法務省と市町村との情報連携

Q65

外国人に係る住民基本台帳制度に関して，市町村長と法務大臣との間の情報連携の概要について教えてください。

A 市町村の長と法務大臣との間の情報のやりとりについては，住基法と入管法のそれぞれに規定が設けられています。まず，法務大臣からは，中長期在留者等の外国人住民から氏名，生年月日などの身分事項について変更の届出があった場合や在留資格の変更の許可，在留期間の更新の許可等によって新たな在留資格や在留期間が決定された場合に，これらの情報を市町村に通知することになります（この通知を「法務省通知」という。）。これにより，外国人住民は，これらの情報を改めて市町村に届け出る必要がなくなるほか，市町村においても，外国人住民の住民票に正確，かつ迅速に反映することができます。また，この法務大臣から市町村の長への通知を正確に行う観点から，市町村の長が，外国人住民の住民票について，住基法上の届出（転入届，転居届及び転出届）があった場合や市町村長の職権により，記載，消除又は記載の修正をしたときは，その旨を法務大臣に通知することとされています（この通知を「市町村通知」という。）。このほか，Q66において説明していますが，市町村の長から法務大臣へ行う「市町村伝達」などもあります。このように，住民基本台帳制度と在留管理制度は，必要な範囲での情報のやりとりを通じて連携を図っていますので，車の両輪の関係にあると言われています。

第1　Q&A

Q66
市町村と法務省との情報連携に関し，「市町村通知」といわれるものと「市町村伝達」といわれるものは，違いがあるのでしょうか。

A　市町村通知とは，入管法第61条の8の2に基づく通知のことで，住基法第30条の45に規定する外国人住民の住民票に，入管法施行令第6条に規定する事由により，その記載，消除又は記載の修正をしたときに，法務大臣に通知しなければならないものです。一方，市町村伝達は，入管法施行令第2条及び入管特例法施行令第3条に基づく伝達のことで，外国人住民のうち，中長期在留者又は特別永住者から，入管法又は入管特例法上の住居地に係る届出があったときに，法務大臣に伝達するものとしているものです。

○市町村伝達を行うべき場合
1　中長期在留者による新規上陸後の住居地届出（入管法第19条の7第1項による届出（同条第3項により同条第1項による届出とみなされる届出を含む。））
2　地方入国管理官署において在留資格変更許可等により中長期在留者となった者からの住居地届出（入管法第19条の8第1項による届出（同条第3項により同条第1項による届出とみなされる届出を含む。））
3　中長期在留者による住居地の変更届出（入管法第19条の9第1項による届出（同条第3項により同条第1項による届出とみなされる届出を含む。））
4　特別永住者による住居地を定めた場合の住居地届出（入管特例

法第10条第1項による届出（同条第4項により同条第1項による届出とみなされる届出を含む。））

5　特別永住者による住居地の変更届出（入管特例法第10条第2項による届出（同条第5項により同条第2項による届出とみなされる届出を含む。））

また，上記のほか，特別永住者に対して特別永住者証明書の交付をしたときなど，市町村の長から法務大臣あて通知等をする場合が，入管特例法や平成21年改正入管法に規定されています。

参考　法務省と市町村との情報連携について

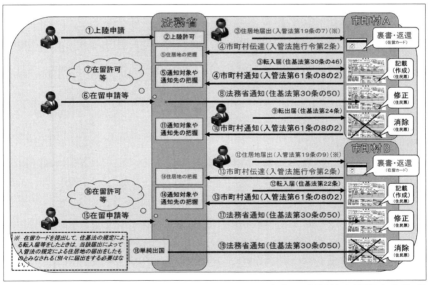

出典：市町村自治研究会作成

第1　Q&A

Q67

外国人が，初めて日本に入国して住所を定めた場合の一般的な市町村と法務省との情報連携の流れについて教えてください。

A　外国人が，入国審査官から上陸許可を受け，当該者が中長期在留者に該当する場合は，原則として同時に在留カードが交付されますが，この時点では，通知対象となる当該者の住民票は作成されていないことから，法務省通知は送信されません。次に，当該者が住所を定め，住所地市町村に在留カードを提示し転入届を行うと，住民票が作成されます。この際，市町村は，市町村通知を送信しなければなりません。また，在留カードの提示によりみなされた住居地の届出（入管法第19条の7第3項）に係る市町村伝達も同時に行うこととなります(注)。

このように，市町村から中長期在留者に係る情報が適切に送信されることにより，法務省において，通知対象となる外国人住民やその通知先となる市町村の把握をすることが可能となります。

(注)　実際の情報連携端末においては，市町村通知及び市町村伝達は，その連携パターンにおける「異動事由コード」（住基法のみ／入管法等のみ）又は（住基法／入管法等の両方）の項目において，それぞれ定められているコードを入力することで行われていると承知しています。

■参考■

市町村通知において送信する情報については，入管法施行令第6条に規定されており，また，市町村伝達において送信する情報は，入管法施行令第2条に規定されています。

Q68

外国人住民が国外転出するに当たって転出の届出を行った場合，住民票を消除することとなりますが，消除する日は出国した旨の法務省通知を受けた日と転出予定年月日のどちらでしょうか。

A 原則，届出に基づき転出予定年月日に消除します。

このとき，当該者の住民票を消除した旨の市町村通知を法務省に送信することとなるので，その後，当該者が出国しても法務省通知は送信されないものと承知しています。

ただし，当該者が転出予定年月日より前に出国した場合は，出国した旨の法務省通知に基づき職権で消除します。

■ **参照法令等** ■

事務処理要領第2-2-(1)-オ-(ア)

第1　Q&A

Q69

転出届を受理した外国人住民について，転出予定年月日前に在留資格を変更した旨の法務省通知が届いた場合，住民票の処理はどのようにすればよいでしょうか。

A　外国人住民から転出の届出があり，転出証明書を交付したが，転出予定年月日が到来しておらず，住民票が消除されていない状況において，当該者の在留資格に変更があった等の法務省通知がなされた場合は，当該通知に基づき住民票を修正し，備考欄に転出の届出後に修正したものであることが確認できるような記載をすることが適当です。

なお，法務省通知があったことについて，転入地市町村に連絡することが望ましいですが，転入地市町村においては，転出証明書と在留カードの記載内容が異なっている場合には，在留カードの記載のとおりに住民票を記載することとしていることから，必ずしも連絡を要するものではありません。

Q70

転出届を受理した外国人住民について，転出予定年月日前に在留期間を経過した旨の法務省通知が届いた場合，住民票の処理はどのようにすればよいでしょうか。

A 外国人住民から転出の届出があり，転出証明書を交付したが，転出予定年月日が到来しておらず，住民票が消除されていない状況において，在留期間が経過した等当該者が中長期在留者等でなくなった旨の法務省通知がなされた場合は，当該通知に基づき住民票を消除します。なお，備考欄に転出の届出後に法務省通知により住民票を消除したことが確認できるような記載をすることが適当です。

また，当該者は，改めて中長期在留者等になった場合に，住基法第30条の46又は第30条の47の届出を行うこととなりますが，このとき，必要のない転出証明書を提出されることで，転入市町村が同法第22条の届出であると誤解してしまうおそれがあるので，住民基本台帳の正確な記録を確保するためにも，法務省通知の内容について，転入予定地の市町村に連絡することが望ましいです。

Q71

外国人住民の転出届を受理し，転出予定年月日に住民票を消除した後に，当該者に係る出国した旨の法務省通知が届いた場合，既に消除した住民票（除票）に当該法務省通知に関する記載をするべきでしょうか。

A　転出届に基づき転出予定年月日をもって住民票を消除した取扱いに誤りはなく，除票に法務省通知の内容を記載する必要はありません。

　なお，転出届に基づき住民票を消除したときは，法務省へ市町村通知を送信することとなっており，その後は，原則として，当該者に係る法務省通知はなされないものと承知しています。例外的に，転出予定年月日と出国日が同日であった場合，市町村と法務省との情報連携端末の設計上，法務省通知が届くこともあり得ると承知していますが，それ以外の状況で法務省通知が届いたのであれば，住民票消除に係る市町村通知が法務省に届いていない等，うまく情報連携ができていない可能性がありますので，情報連携端末を所管している法務省に状況を確認すべきと考えます。

Q72

外国人住民について，海外へ出国した際，法務省通知は必ず送信されるのでしょうか。また，それは，いつ送信されるのでしょうか。

A　住基法第30条の50に定める法務省通知は，市町村で作成されている外国人住民の住民票について，入管法及び入管特例法に定める事務を行う上で，身分事項や在留資格・期間等の記載事項に変更又は誤りがあることを知った場合や中長期在留者等でなくなったことを知った場合に，その旨を当該市町村に通知することとされています。

したがって，外国人住民が単に海外へ出国しただけでは法務省通知の対象とはならず，加えて，中長期在留者等でなくなった場合にその対象となります。

具体的には，空海港における出国の手続時において，次の場合に住民票消除の法務省通知が送信されるものと承知しています。

① 在留カード等を返納して単純出国(注1)した場合。
② 再入国許可（みなし再入国許可を含む。）を受けて出国し，その有効期間内に再入国しなかった場合。

また，法務省通知が送信される時期については，次のとおりと承知しています。

① 単純出国した場合は出国日の当日に送信される。
② 再入国許可を受けて出国し，その有効期間内に再入国しなかった場合は，在外公館において，最長1年間の再入国許可の有効期間の延長が行われることもあるため（入管法第26条第5項（み

第1 Q&A

なし再入国許可を受けた場合を除く。）），次の区分に応じて法務省から送信される。

ア　再入国許可を受けて出国した中長期在留者（2を除く。）及び特別永住者

　　再入国許可の有効期間の満了日の1年後に送信(注2)

イ　再入国許可を受けて出国した中長期在留者で，出国中に在留期間の満了の日が到来したもの

　　在留期間の満了の日の翌日に送信

ウ　みなし再入国許可を受けて出国した中長期在留者及び特別永住者

　　みなし再入国許可の有効期間の満了日の翌日に送信

エ　その他

　　上記アからウまでに該当するが，地方入国管理官署において個別慎重に判断すべき事案については，上記と異なる場合あり

（注1）　単純出国……再入国許可（入管法第26条第1項の規定による許可をいい，同法第26条の2第1項の規定により再入国許可を受けたものとみなされる場合を含む。）を受けることなく出国確認を受けて本邦から出国すること。

（注2）　再入国許可の有効期間内に再入国しなかった場合に送信される法務省通知において，その事由発生年月日は再入国許可の有効期間の満了日の翌日であるところ，制度上，在外公館において再入国許可の有効期間が延長される場合もあることから，実際に市町村に対して法務省通知が送信されるのは，再入国許可の有効期間の満了日の1年後になる場合もある。

Q73

再入国許可を受けて出国し，その有効期間内に再入国できなかったことにより法務省通知が送信され，同通知に基づき住民票が消除された外国人住民が，転入手続のために来庁しました。有効な在留カードを所持し，中長期在留者であることが確認できたため，住基法第30条の46に基づき，住民票を作成しました。その後，当該者は，再入国許可の有効期間内に再入国しており，住民票を消除する旨の法務省通知は誤りであったことが判明しました。どのように対応したらよいでしょうか。

A 誤った法務省通知により消除された住民票は，法務省から送信された「誤った法務省通知の訂正」の法務省通知に基づき住民票を回復すると承知しています。

したがって，当該通知が法務省から送信されているのであれば，同通知に基づき消除された住民票を回復し，その通知内容に基づき住民票の記載を行うことが適当です。

また，回復した住民票の備考欄には，本件の処理過程が分かるよう経緯等を記載し，法務省通知の内容に疑義や不明点等がある場合は，法務省に確認していただくことが適当と考えます。

第1　Q&A

Q74

外国人住民が住民票の交付請求のために来庁しましたが，当該者が所持する在留カードの記載内容と住民票の内容が異なっていたので確認したところ，本日，地方入国管理官署で新しい在留カードが交付されたことが判明しました。法務省通知は毎日業務終了後に届き，翌日にその通知内容を住民票に反映させていますが，当該者が最新の情報が記載された住民票の写しの交付を求めた場合，法務省通知を待たず，在留カードに基づいて住民票の記載を修正してもよいでしょうか。

A　法務省通知は，法務省が配備している情報連携端末により，原則として1日に1回所定の時間に送信されているところ，本件のように，中長期在留者が地方入国管理官署で新たな在留カードを交付された日の当日に市町村窓口に来庁したとき等，最新の法務省通知の情報が必要となる場合に対応できるよう，情報連携端末には最新の法務省通知を取得する機能が備わっているものと承知しています。

したがって，この機能を利用して，法務省通知に基づいて住民票の記載を修正した上で住民票の写しを交付することが適当です。ただし，法務省に相談しても同機能の利用方法が分からないなど最新の法務省通知を取得できない場合，当該者が所持する在留カードに基づいて住民票の記載を修正することもやむを得ないと考えます。

Q75

特別永住者が特別永住者証明書の住居地以外の記載事項の変更届出を行ったので，提出書類一式を法務省の発行拠点に送信しました。その後，当該届出に係る法務省通知が届きましたが，新たに作成された特別永住者証明書（記載事項変更後のもの）は法務省から届いていないので，本人に交付していません。この状況で，住民票の記載事項を，法務省通知に基づいて変更後のものに修正してもよいでしょうか。

A 特別永住者証明書は，在留カードとは異なり，発行拠点で作成され，その時点で法務省通知が市町村に送信されますが，その特別永住者証明書が発行拠点から市町村に郵送されるのは数日後であり，それから市町村窓口において特別永住者に交付されるものと承知しています。

また，特別永住者証明書は特別永住者に交付されたときに効力を有するので，特別永住者証明書の交付前には住民票の記載の修正を行わず，今後，本人に交付したときに，法務省通知に基づく住民票の記載の修正を行うこととなります。

■ 参照法令等 ■

事務処理要領第2-2-(2)-ア-(キ)

Q76

特別永住者の子に係る特別永住許可申請が行われ，先日，法務省から特別永住許可書及び特別永住者証明書が届きました。しかしながら，当該子の出生による経過滞在者としての期間がまもなく到来するため，同期間内に特別永住許可書等を交付できなかった場合，当該子の住民票は消除することとなりますか。

A 外国人の出生届を受理したときは，出生した日から60日を経過していない場合は，出生による経過滞在者として職権で住民票を作成し，法務省へ市町村通知を送ります。

また，当該者が，平和条約国籍離脱者の子孫で本邦において出生した場合は，出生した日から60日以内に市町村経由で法務大臣に特別永住許可申請を行うことにより，特別永住許可を受けることができます。市町村を窓口として特別永住許可申請がなされると，法務省は審査を行い，許可する場合，特別永住許可書及び特別永住者証明書を作成し，同申請を受け付けた市町村に送信するとともに，別途，特別永住許可をした旨の法務省通知を送ります。したがって，本件の場合，市町村において特別永住許可をした旨の法務省通知が届いていることを確認できれば，出生による経過滞在者としての期間内に特別永住許可書等を交付できなかったとしても，同期間の経過による住民票消除の法務省通知はなされないものと承知しているため，当該通知によって当該者の住民票を消除することはありません。

なお，特別永住許可の効力は，当該者に特別永住許可書を交付した

時に生じるものと承知していることから，特別永住許可をした旨の法務省通知に基づく当該者に係る住民票の記載の修正は，特別永住許可書等の交付時に行うこととなり，また，その際，特別永住者証明書の交付年月日及び当該特別永住者証明書の番号を法務省に通知します。

■ **参照法令等** ■

- 住基法第 30 条の 45，第 30 条の 50
- 施行令第 12 条第 2 項第 1 号
- 入管法第 61 条の 8 の 2
- 入管特例法第 4 条，第 6 条，第 7 条
- 入管特例法施行令第 2 条

第1　Q&A

Q77

死亡届の受理に伴い住民票を消除し、その旨の市町村通知を送信した外国人住民について、法務省から法務省通知（異動事由：誤った法務省通知の訂正、異動事実：消除）を受信しました。当該者に関して、訂正が必要な法務省通知が見当たりませんが、この場合、どうしたらよいでしょうか。

A　外国人住民が国内で死亡し、死亡届の受理又は住基法第9条第2項の通知を受けた場合、住民票を消除し、その旨の市町村通知を法務省に送信することとなります。

　しかしながら、当該者に係る死亡情報を、市町村よりも先に入国管理局が把握することとなった場合、市町村と法務省間における情報連携端末上、連携するための該当コードがないため、便宜的に「誤った法務省通知の訂正」という異動事由により法務省通知が送信されるものと承知しています。また、通常、この「誤った法務省通知の訂正」という事由は、住民票に係る記載の修正又は消除のために発出された法務省通知が誤っていた場合に送信されるものなので、受け取った市町村側としては、この通知が、どちらのものかわかりにくく、かつ、便宜の通知として送信された場合、その事由が死亡なのか帰化なのか等、別途、法務省に対して、その事由に係る照会を適宜、文書により確認する仕組みとなっていると承知しています。

　したがって、本件に係る法務省通知についても、上記の理由で送信された蓋然性が高いものと考えられますが、法務省に対し文書照会を行うという判断もあり得ます。

なお，本件のように，既に死亡届の受理により住民票を消除しているのであれば，法令上規定されているものではないですが，受信した法務省通知の内容を消除された住民票の備考欄に記載することは，行政上の取扱いからも適当であると考えます。

第1　Q&A

Q78

外国人住民が日本人と婚姻したことにより，当該日本人の氏を通称としたい旨の申出があり，住基法施行令第30条の26に基づき住民票に通称を記載しました。この場合，法務省への市町村通知は送信するのでしょうか。

A　入管法第61条の8の2に定める市町村通知は，法務大臣から市町村長への通知を正確に行う観点から，市町村長が外国人住民（中長期在留者等）に係る住民票について，入管法施行令第6条第1項に規定する事由により，その記載，消除又は記載の修正をしたとき（注）は，直ちにその旨を法務大臣に通知することとされています。

しかしながら，住民票への通称の記載については，上記入管法施行令第6条第1項に規定する事由には該当しないことから，当該事由をもって法務省への市町村通知を送信する必要はありません。

（注）　法務省へ市町村通知を行うべき主な場合は，次のとおり。
　1　住基法上の届出（転入届，転居届及び転出届）に基づき住民票の記載等がなされた場合
　2　市町村長の職権により（施行令第12条）住民票の記載等がなされた場合
　3　その他（平成21年改正住基法附則第5条に定める経過措置による届出）

❗ポイント1

世帯主の変更や新たに世帯を設けた場合など住所の異動を伴わない世帯変更届出（住基法第25条）に基づき，住民票の記載事項である

「世帯主についてはその旨，世帯主でない者については世帯主の氏名及び世帯主との続柄」のみが修正された場合も，入管法施行令第6条第1項に規定する事由には該当しないことから，市町村通知を送信する必要はありません。

❗ポイント2

外国人住民の氏名に係るふりがなを修正した場合，氏名に係るふりがなは，住基法に規定する記載事項ではなく，また，入管法施行令第6条第2項に規定する通知事項にも該当しないことから，市町村通知を送信する必要はありません。

第1　Q&A

Q79

行政区画の整理や市町村合併等に伴い住所に係る記載を修正した場合，法務省への市町村通知は，送信するのでしょうか。また，その際，一括ではなく，該当する外国人住民ごとに市町村通知を送信するのでしょうか。

A　行政区画の整理や市町村合併等に伴い住所表示に変更があった場合は，該当する外国人の住民票を職権で修正することとなります。この場合，入管法施行令第6条第1項に規定する事由に該当し，同事由により住民票の記載を修正したときに該当しますので，市町村通知を送信しなければなりません。

また，市町村通知は，当該外国人住民に係る氏名，生年月日，性別，国籍・地域のほか，中長期在留者，特別永住者，一時庇護許可者，仮滞在許可者又は経過滞在者のいずれかであるかの別等について通知することとされているため，該当する外国人についてそれぞれ市町村通知を送信するものと承知しています。

■ **参照法令等** ■
- 施行令第12条第2項第7号
- 入管法施行令第6条第2項

Q80

法務省通知に基づき職権で住民票を修正又は消除した場合も，外国人住民本人への通知等を行う必要はありますか。

A この場合，当該修正又は消除に係る外国人住民本人への通知又は公示は必要ありません。法務省通知により住民票を職権で修正又は消除する場合，その根拠は施行令第30条の31で読み替えられる同第12条第2項第1号となります。同法施行令第12条第4項では，市町村長は同第1項により住民票の記載等をしたときは，その旨を当該記載等に係る者に通知又は公示をしなければならないとされていますが，この場合は同第1項ではなく同第2項第1号によるものであり，同第4項の規定には該当しません。

第1　Q&A

記載事項

Q81

住民票に記載する氏名について，日本人であれば戸籍の氏名を記載することとされていますが，外国人住民の場合はどのように記載するのでしょうか。

A　外国人住民の住民票の氏名は，在留カード等の記載と一致しなければなりません。氏名の他に，出生の年月日，男女の別，国籍・地域及び住基法第30条の45の表の下欄に掲げる事項も同様です。

同法第30条の46及び第30条の47の届出においては，提示される在留カード等の記載のとおりに住民票の氏名を記載します。また，その後，何らかの事由により在留カード等の氏名が変わったときは，その旨の法務省通知がなされるので，当該通知に基づき住民票の氏名を修正することで，在留カード等の記載と一致することになります。

■参照法令等■
事務処理要領第1-6

記載事項

Q82

住基法第30条の46の届出において，在留カードが即時交付されない出入国港で上陸許可を受けたために，中長期在留者が在留カードを所持していない場合，住民票の氏名は何に基づいて記載するのでしょうか。

この場合，住民票の氏名は，後日在留カードを交付する旨の記載がされた旅券のローマ字表記の氏名を記載します。
なお，旅券にローマ字氏名のほか漢字表記の氏名が記載されていても，住民票の氏名はローマ字表記のみを記載し，漢字表記の氏名は記載しません。後日交付される在留カードは，上陸許可において即時交付される在留カードと同様に，旅券に漢字表記の氏名が記載されていても，漢字表記の氏名は併記されずローマ字表記の氏名のみが記載されるためです。

❗ ポイント

在留カードの氏名表記に係る取扱いについては，法務省から通知されていると承知しているところ，旅券の氏名にカンマ，ピリオド，ハイフン等の記号が記載されている場合は，後日，交付される在留カードにおいて当該記号は省略又はスペースにより記載されることとなるため，住民票の氏名においても同様に取扱うこととなります。

■ 参照法令等 ■

- 事務処理要領第2－1－(2)－ア
- 平成24年10月29日事務連絡「外国人住民に係る住民基本台帳事務の取扱いについて」問2

第1　Q&A

Q83

住民票の氏名がローマ字表記のみで記載されている中長期在留者から，住民票に漢字氏名を併記してほしいとの申出があった場合，どのように取り扱えばよいでしょうか。

A　中長期在留者等の住民票の氏名は，在留カード等に記載されている氏名を記載することとされているので，申出により住民票の氏名を修正するのではなく，地方入国管理官署で在留カードに漢字氏名を併記する手続が必要であることを案内することとなります。在留カードに漢字氏名が併記され，その旨の法務省通知が届いた場合，当該通知に基づき職権で住民票の氏名についてローマ字表記に漢字表記を加える修正をすることとなります。

■ **参照法令等** ■

事務処理要領第2－1－(2)－ア

記載事項

Q84

住基法第 30 条の 46 の届出手続のため来庁した外国人から，提示された在留カードの氏名が誤っているとの申し出がありました。当該者は，日本に入国した際に使用した旅券も併せて所持していたことから，同旅券を確認したところ，在留カードの氏名と異なっていました。この場合，どのように対応すればよいでしょうか。

A 在留カードの氏名は旅券の氏名のとおり記載されるものと承知していますので，まずは，法務省に在留カードの氏名の記載について誤りがないかどうか確認することが適当です。

　なお，仮に，地方入国管理官署において，在留カードの氏名を誤って作成し中長期在留者に交付していたとしても，そのことによって在留カードが失効するものではないと承知していますので，住民票には，在留カードに記載されている氏名のとおり記載し，同氏名で市町村通知を法務省へ送信することとなります（在留カードの氏名と異なる氏名で市町村通知を送信すると情報連携にエラーが生じるものと承知しています。）。

　その後，当該者が，地方入国管理官署において正しい氏名に訂正された在留カードの交付を受けたときは，その旨の法務省通知がなされるので，同通知に基づき住民票の氏名を修正することとなります。

　また，本件のような場合，地方入国管理官署においては，原則として即日で正しい記載をした在留カードを再作成すると承知していますので，届出と同時に住民票の写しの交付請求があるような場合や転入をした日から 14 日を経過していなければ，転入の届出を行う前に，先に地方入国管理官署において正しい氏名の在留カードの交付を受けた上で，改めて転入の届出を案内することもあり得ると考えます。

第1 Q&A

Q85
出生による経過滞在者として作成する住民票はどのように記載するのでしょうか。

　　「氏名」については，出生届に付記されているローマ字表記の氏名を記載します。

ただし，ローマ字表記の氏名の付記がない場合，出生届に記載されたカタカナ又は漢字による表記の氏名を記載します。

「出生の年月日」については，出生届に記載された出生の年月日に基づいて西暦により記載します。

「国籍・地域」については，空欄とします。

「法第30条の45の下欄に掲げる事項」については，出生による経過滞在者であることについて記載します。

なお，出生した日から60日を経過する年月日を備考として記入することが適当です。

■ 参照法令等 ■

事務処理要領第2－1－(2)－ア，イ，テ，第2－1－(2)－ナ－(オ)

記載事項

Q86
出生届に基づき住民票を作成した後で，氏名の訂正のための追完届が出された場合，追完届に基づいて住民票の氏名を修正してもよいでしょうか。

A 　届出書に誤字を記載してしまった場合等，氏名の訂正の追完届が出され，これを受け付けた場合は，追完届に基づいて住民票の氏名を修正して差し支えありません。このとき，修正した氏名について市町村通知を法務省に送信する必要があります。

なお，中長期在留者等になった後で氏名の訂正のための追完届を受け付けた場合は，既に交付されている在留カード等における氏名と住民票の氏名の記載を一致させなければならないことから，行政運用上，先に在留カード等の氏名変更の手続を行うことがのぞましいため，地方入国管理官署での在留カード等の氏名変更手続を案内していただくことが適当です。また，これが認められた場合，その旨の法務省通知に基づいて住民票の氏名を修正することとなります。

■ 参照法令等 ■
- 施行令第12条第2項第1号，第30条の31
- 入管法第第61条の8の2

Q87

本国政府機関に対し婚姻による氏名変更の手続を行った中長期在留者から，変更後の氏名が記載された旅券に基づいて住民票の氏名を変更してほしいとの申出があった場合，どのように取り扱えばよいでしょうか。

A 中長期在留者の住民票の氏名は，在留カードに記載されている氏名を記載することとされているので，地方入国管理官署において在留カードの記載を変更する手続を行うよう案内することとなります。氏名の変更が認められた場合，その旨の法務省通知に基づいて住民票の記載を修正することとなります。

したがって，在留カードの氏名が変更される前に旅券の確認のみをもって住民票の氏名を修正することはできません。

なお，入管法第19条の10の規定により，中長期在留者は，氏名に変更を生じたときは，14日以内に，法務大臣に変更の届出をしなければならないと規定されています。

❗ポイント

外国人住民の住民票の氏名，出生の年月日，男女の別，国籍・地域及び住基法第30条の45の表の下欄に掲げる事項は，在留カード等の記載と一致しなければならないため，これらの事項に変更があった場合は，先に，地方入国管理官署において所要の手続を行うこととなります。^(注)

（注） 特別永住者証明書における記載事項の変更の場合は，市町村を経由して行われます。

記載事項

Q88

日本人の配偶者である外国人住民について，当該者の在留カードに記載されている氏名の漢字と日本人配偶者の戸籍の配偶者氏名欄に記載されている当該者の氏名の漢字が異なっていた場合，住民票の氏名はどちらの漢字を記載すればよいでしょうか。

A 外国人の氏名の漢字が簡体字等の日本の正字でない場合，当該漢字は戸籍においても在留カード等においても日本の正字に置き換えて記載されるものと承知しています。ただし，正字の概念は一律のものではなく，在留カード等については「在留カード等に係る漢字氏名の表記等に関する告示（平成23年法務省告示第582号）」に基づき置き換えられているため，同一人に係る氏名の漢字が戸籍と在留カード等において異なる場合があるものと承知しています。

中長期在留者等については，在留カード等に記載されている氏名を記載するとされており，本件においても，住民票の氏名には在留カードに記載されている正字を記載することとなり，当該者が戸籍に記載されている正字を希望しても応じることはできません。

なお，同告示によると簡体字等と同じ形の正字も多くあり，簡体字と見受けられる漢字であっても，在留カード等に記載されている漢字は正字であると承知しています。

■ 参照法令等 ■

事務処理要領第2－1－(2)－ア

第1　Q&A

Q89
外国人住民の氏名のふりがなは，どのように記載すればよいでしょうか。

A　ふりがなは住民票の法定事項ではありませんが，外国人住民の漢字氏名及び通称には，日本人の氏名同様できるだけふりがなを付すことが適当であり，ふりがなを付す場合には，住民の確認を得る等の方法により，誤りのないように留意しなければならないとされています。

　なお，ローマ字表記の氏名にはふりがなを付さなくても差し支えないとされています。

■参照法令等■

事務処理要領第2－1－(2)－ア

記載事項

Q90

外国人住民から出生届が出されたことにより住民票を作成するところですが，両親（双方とも外国人）が子の氏名を漢字表記にすることを希望しています。住民票の氏名はどのように記載しますか。

A 出生による経過滞在者として住民票を作成する場合，氏名については出生届に付記されているローマ字表記の氏名を記載します。ただし，出生届にローマ字表記の氏名の付記がない場合，出生届に記載されたカタカナ又は漢字による表記の氏名を記載します。なお，経過滞在者が出生した日から60日以内に在留資格を取得し中長期在留者になった場合，その旨の法務省通知が届くものと承知していますが，例えばローマ字表記と漢字表記が併記されている等，同通知の氏名が住民票の氏名の表記と異なっている場合は，当該通知に基づき，住民票の氏名を修正することとなります。

■ **参照法令等** ■

事務処理要領第2－1－(2)－ア

第1　Q&A

Q91

住基法第30条の46の届出において，提示された在留カードの生年月日の月と日がそれぞれ「00」（ゼロゼロ）と記載されていた場合，住民票の「出生の年月日」はどのように記載すればよいでしょうか。

A　中長期在留者等の住民票の「出生の年月日」は在留カード等に記載されている生年月日を記載することとされていますので，在留カードの記載のとおりに月と日については「00」を記載することとなります。

■ 参照法令等 ■

事務処理要領第2−1−⑵−イ

Q92

住基法第30条の46に基づく転入届において、提示された在留カードの表面の「国籍・地域」欄にAとあり、裏面にBと記載があります（A及びBのいずれも日本以外の「国籍・地域」です。）。この場合、どちらを住民票に記載すればよいでしょうか。

A 地方入国管理官署において、日本を含まない二重国籍者に対して在留カードを発行する際、表面に印字した「国籍・地域」とは別に、もう一方の「国籍・地域」を裏面に記載する場合があると承知しています。

このような在留カードを所持する中長期在留者に係る住民票の「国籍・地域」については、在留カードの表面に印字された「国籍・地域」（本件ではA）を記載し、裏面の「国籍・地域」（本件ではB）については記載しないことが適当です。

なお、本件のようなケースにおいて、何らかの事由が発生した際に、法務省から市町村に対して送信される法務省通知には、裏面の「国籍・地域」の記載はなく、表面の「国籍・地域」のみが記載されているものと承知しています。

第1 Q&A

Q93
本国において妻が複数認められている外国人住民について，続柄を証する文書によって世帯員それぞれとの婚姻関係を確認できる場合，世帯員の続柄はどのように記載すればよいでしょうか。

A この場合には，世帯主である夫との続柄を，全員「妻」と記載することとなります。

Q94
外国人住民同士の同性婚の場合，世帯主との続柄はどのように記載すればよいでしょうか。

A 世帯主との続柄について，同性婚が法的に認められている国の政府機関等が発行した文書により当該者に婚姻関係があることが確認できた場合,「夫」や「妻」と記載することはできませんので,「縁故者」と記載することが適当です。

記載事項

Q95

新たに住民票を作成することとなった外国人の住民票について、中長期在留者であれば在留カードに記載されている在留資格等を記載しますが、特別永住者の場合、「在留資格」の欄に「特別永住者」と記載するのでしょうか。

外国人住民の住民票への記載事項は、住基法第7条及び同法第30条の45に規定されています。

特に外国人住民に係る住民票の記載事項の特例として住基法第30条の45の表の上欄に掲げる者の区分に応じ、それぞれ同表の下欄に掲げる事項を記載することと規定されていることから、中長期在留者の場合は、次の事項を住民票に記載します。

① 中長期在留者である旨
② 在留カードに記載されている在留資格、在留期間、在留期間の満了の日及び在留カードの番号（なお、後日在留カードを交付する旨の記載がなされ、上陸許可証印が貼付された旅券の提示があった場合は、当該証印下部に記載された交付することを予定された在留カードの番号を記載します。）

また、特別永住者の場合は、次のとおりです。

① 特別永住者である旨
② 特別永住者証明書の番号（なお、特別永住者証明書とみなされる外国人登録証明書の提示があった場合においては当該外国人登録証明書の登録番号を記載します。）

したがって、「在留資格」とは中長期在留者の場合に住民票に記載

する事項であり，特別永住者の場合は，「在留資格」の欄は記載せず，例えば，「住基法第30条の45に規定する区分」として特別永住者である旨を記載します。

❗ポイント

「一時庇護許可者」，「仮滞在許可者」及び「出生（又は国籍喪失）による経過滞在者」は，住基法第30条の45の表の上欄に掲げる区分であって，いずれも在留資格ではありません。

Q96

出生による経過滞在者として住民票を作成した外国人住民について，在留カードを取得したものの在留期間の更新許可が認められず，住基法対象外となった旨の法務省通知が届き，同通知に基づき住民票を職権消除しました。当該者は，住基法対象外の間は，「短期滞在」の在留資格で，引き続き同じ住所地に滞在していましたが，今般，国籍取得届が提出されたので，日本人としての住民票を作成します。「住所を定めた年月日」及び「住民となつた年月日」は，消除した外国人住民票の「住所を定めた年月日」及び「外国人住民となつた年月日」を引き継ぐのでしょうか。

A 本件の場合，外国人住民票の「住所を定めた年月日」及び「外国人住民となつた年月日」は引き継がないものと考えます。

　住基法の対象外であった外国人が，日本国籍取得前から同一市町村内に住み続けている場合で，当該者の国籍取得届に基づいて日本人としての住民票を作成する場合の住民票の「住民となつた年月日」は，当該者が「日本国籍を取得した年月日」を記載することが適当です。また，日本人としての住民票の「住所を定めた年月日」については，一の市町村の区域内で転居をしていない場合は，住所を定めた年月日と同一となることから空欄となります。

第 1　Q&A

❶ ポイント

　外国人としての住民票が作成されている外国人住民（住基法対象者）が，帰化や国籍取得により日本の国籍を有することとなった場合において作成される日本人住民票の「住民となつた年月日」は，当該者の外国人住民票に記載された「外国人住民となつた年月日」を記載し，「住所を定めた年月日」についても，外国人住民票に「住所を定めた年月日」が記載されていた場合は，それを記載します（Q55参照）。

通称関係

Q97
住民基本台帳制度における外国人住民の通称とは，どのようなものでしょうか。

A 外国人住民の通称については「氏名以外の呼称であって，国内における社会生活上通用していることその他の事由により居住関係の公証のために住民票に記載することが必要であると認められるもの」と規定されています。

外国人住民から，通称として記載を求める呼称のほか，氏名，住所，必要とする理由等を記載した申出書の提出があった場合，申出のあった呼称を住民票に記載することが居住関係の公証のために必要であると認められるときは，当該呼称を通称として住民票に記載することとなります。その際には，国内における社会生活上通用していることが客観的に明らかとなる資料等の提示を複数求める等により，厳格に確認を行うことが適当です。

■ 参照法令等 ■

- 施行令第30条の26
- 事務処理要領第2－2－(2)－サ－(ア)

Q98

施行令第30条の26第1項に規定する「当該呼称が居住関係の公証のために住民票に記載されることが必要であることを証するに足りる資料」とは、どのようなものでしょうか。

A 「国内における社会生活上通用していることが客観的に明らかとなる資料」であり、勤務先又は学校等の発行する身分証明書等の客観的資料が想定されます。

また、A市において通称の記載があった外国人住民が国外に転出しその後B市に転入した場合におけるA市での除票の写しについても、当該通称が現在でも通用していることが確認される限りにおいて、資料の一つとして認められ得ると考えます。

なお、手書きの書類、名刺、領収書等は、本人が容易に作成可能であると考えられるため、これらのみを資料として通称記載を認めることは適当ではありません。

資料については、同じ資料であっても、作成経緯、作成日付、提示点数、他の提示資料との関係、申し出内容との関係等によってその妥当性の判断が変わりうることから、形式的・画一的に決められるものではなく、個々の事案に応じた判断が必要となります。

❶ ポイント

通称の記載手続に際しては、2点以上の資料を求めて確認を行うことが適当と考えます。

また、社員証と給与明細書のように、資料の名称が異なっていて発

行者が同じものを複数資料として扱うことは適当ではありません。

■**参照法令等**■
- 事務処理要領第2−2−(2)−サ−(ア)
- 平成24年4月4日総行住第37号通知「外国人住民に係る住民基本台帳事務に関する質疑応答について」問2

第1　Q&A

Q99

住民票への通称の記載の申出において，申し出ている通称が立証資料に記載されている通称と一部異なっています。本人によると，通称が長く健康保険証と年金手帳に記載できる文字数を超えているため一部分について省略されてしまったとのことですが，住民票には申出書のとおり通称を記載することを希望している場合，これに応じることはできますか。

A　外国人住民が住民票に通称の記載を求めるときは，通称として記載を求める呼称が居住関係の公証のために住民票に記載されることが必要であることを証するに足りる資料を提示しなければならないとされています。どのような理由であっても，申し出ている通称が提示された疎明資料の通称と異なっているのであれば，国内における社会生活上通用していると認めることができませんので，申出の通称を住民票に記載することは適当ではありません。

■ 参照法令等 ■
施行令第 30 条の 26 第 1 項

通称関係

Q100
通称の記載を求める申出において，国内における社会生活上通用していることの確認は必ず行わなければなりませんか。

A 外国人住民の通称については，「氏名以外の呼称であって，国内における社会生活上通用していることその他の事由により居住関係の公証のために住民票に記載することが必要であると認められるもの」と規定されています。そして，外国人住民から，呼称を通称として住民票に記載したい旨の申出がなされた場合，当該呼称を住民票に記載することが居住関係の公証のために必要であると認められるときは，通称として住民票に記載することとなります。そのため，この申出にあたっては，当該呼称が，国内における社会生活上通用していることが客観的に明らかとなる資料等の提示を複数求める等により，厳格に確認を行うこととされています。しかしながら，婚姻等の身分行為に基づいて通称を記載する場合は，当該身分行為時には通用していなかったとしても，当該身分行為以降，社会生活上通用することに特段の疑義がないため，「その他の事由」により居住関係の公証のために住民票に記載することが必要であると認められ得ます。

そのため，以下の①～③の場合は，通称の住民票への記載にあたって，国内における社会生活上通用していることの確認を行う必要はない取扱いとしています。

① 出生により，日本の国籍を有する親の氏若しくは通称が住民票に記載されている外国人住民である親の通称の氏を申し出る場合
② 日系の外国人住民が氏名の日本式氏名部分を申し出る場合

第1　Q&A

③　婚姻等身分行為により，相手方の日本国籍を有する者の氏若しくは通称が住民票に記載されている外国人住民である相手方の通称の氏を申し出る場合

なお，初めての通称記載を申し出る場合であって，かつ，①から③のいずれかに該当する場合においては，親や身分行為の相手方の当該氏の確認を行ったのであれば，名に当たる部分について，別途国内における社会生活上通用していることの確認を行う必要はありません。

❗ポイント

初めて通称記載の申出があり，市町村においてこれを認める場合には，ひとたび社会生活上通用している（又は通用することに疑義がない）とされた通称が変わるということは通常は想定されないものであり，原則として認められない旨について，当該外国人住民に説明しておくことが適当と考えます。

■ 参照法令等 ■
- 事務処理要領第2-2-(2)-サ-(ア)
- 平成24年10月29日事務連絡「外国人住民に係る住民基本台帳事務の取扱いについて」問4

Q101

日本人と婚姻した外国人住民（妻）から通称の申出があり，確認したところ，結婚したのは15年前であることが判明しました。この場合，婚姻によるものとして日本人夫の氏を確認することで通称を記載してよいでしょうか。なお，当該者は，今まで住民票に通称を記載したことはなく，今回，初めて，日本人夫の氏を使用した通称記載を申し出ています。

A この場合，Q100の回答でお示しした③のケースに該当すると考えますが，婚姻してから長期間，経過してからの通称の申出であり，今般，新たに通称を認めることが，当該者の居住関係の公証のために住民票に記載することが真に必要かどうか判断していただくことが適当を考えますので，その判断にあたって，社会生活上，通用していることの確認を行うことはあり得ると考えます。

Q102

日系の外国人住民が，氏名の日本式氏名部分を通称として申し出る場合，日系人であることの確認はどのように行えばよいでしょうか。

A Q100の回答でお示ししたとおり，通称記載における「日系の外国人住民が氏名の日本式氏名部分を申し出る場合」にあっては，国内における社会生活上通用していることの確認を行う必要はありません。しかしながら，日本人祖先の氏名を確認するための書類（例えば，祖父母，父母等の戸籍（除籍）謄本等）に加え，通称記載申出者と日本人祖先との関係がわかる資料（祖父母，父母及び本人等の婚姻証明や出生証明等）を提出等していただくことで，日系人であること（日本人祖先の氏を通称に使用すること）の確認を行う必要があります。

通称関係

Q103

日本人男性と婚姻した外国人女性及びその女性の実子（女性及びその実子とも中長期在留者であり，実子は日本人男性と養子縁組はしていません。）から，日本人男性の氏を使用した通称の記載を求める申出（初めての通称記載の申出）がありました。この場合，外国人女性及びその実子ともに，婚姻等の身分行為により，日本人男性の氏を確認することで通称を記載してよいでしょうか。

A　ご質問の外国人女性については，Q100の回答でお示しした③のケースに該当するため，国内における社会生活上通用していることの確認に代えて，日本人男性（夫）の氏を確認することで通称の記載を認めて差し支えないと考えます。

一方，当該女性の実子は，日本人男性（母の夫）と養子縁組をしていないのであれば，身分行為が生じていないので，Q100の③にいう「身分行為の相手方」には当たりません。

しかしながら，今般，当該子の母に対して日本人男性（夫）の氏を使用した呼称を通称として住民票への記載を認めるのであれば，当該子については，Q100の①にいう「出生により，通称が住民票に記載されている外国人住民である親の通称の氏を申し出る場合」に準じると判断して，当該子の母の通称の氏を確認することで，子の国内における社会生活上通用していることの確認を省略するという考え方もあります。

したがって，当該子に関し，社会生活上通用していることの確認を省略するかどうかについては，当該子における通称が，今後，社会生活上通用することに特段の疑義がないかどうか，申出を受けている市町村において申出書の内容等も考慮して判断していただくことが適当と考えます。

Q104

住民票に通称が記載されていない外国人住民から、離婚した配偶者や死別した配偶者の氏を使用した通称の記載を求める申出があった場合、これを認めることはできますか。

A 離婚した配偶者や死亡した配偶者は、Q100の回答でお示しした③にいう「身分行為の相手方」には当たりません。

したがって、申出のあった通称が国内における社会生活上通用している状況が存在し、そのことが客観的に明らかとなる資料で確認されれば住民票に通称を記載することとなりますが、単に離婚や死別した配偶者の氏の確認を行うことで、社会生活上通用していることの確認に代えて通称を記載することは適当ではありません。

通称関係

Q105

外国人住民の親子について，住民票に子は通称を記載していますが，親は記載していなかったところ，親が子の通称の氏と同じ氏の通称の記載を求める申出があった場合，これを認めることはできますか。

A 出生届により子は親の氏を名乗ることになりますが，親が子の氏を名乗るという身分行為は存在しませんので，子の通称の氏の確認を行うことで，親も同じ氏の通称を記載するという取扱いはできません。

そのため，親が子の通称の氏と同じ氏の通称を住民票に記載できるのは，今後，当該呼称で国内において社会生活を送る状況が存在し，そのことが客観的に明らかとなる資料を提示できたときとなります。

第1　Q&A

Q106
「通称」が外国人住民票の記載事項とされたのは，どのような理由からでしょうか。

A　外国人住民は，日本人と異なり，日本語で表記ができ，日本語で発音できる氏名を持っていないため，日本において職場や学校等で円滑な社会生活を送る上で，日本語で表記及び発音できる呼称が必要になる場合があります。実際に，社員証，通知表，卒業証書，各種契約及び公的機関における各種行政サービスに係る証明書等において，当該呼称が通用している実態があります。

また，外国人住民の氏名の発音や表記が日本人には困難な場合も少なくないことにも鑑みれば，日本語で発音及び表記できる呼称を外国人住民が通称として使用することは，外国人住民自身のみならず日本社会にとっても必要性が認められると考えられます。このような実情を踏まえると，戸籍に記載された氏名によって個人を特定することができる日本人とは異なり，戸籍が作成されない外国人住民については，居住関係の公証を行う上で，日本社会における個人の同一人性の特定のための呼称として，単に氏名のみを住民票に記載し公証するだけでは不十分な面があります。そのため，外国人住民については，氏名とは別に，現に通用している呼称を通称として住民票の記載事項とし，これを公証することとしたものです。

通称関係

Q107

外国人登録証明書には通称が記載されていましたが，特別永住者証明書には記載されていないのはどうしてでしょうか。また，特別永住者証明書としてみなされる期間が経過している方で，通称が記載されないこと等を理由に，証明書の切替えを拒むケースがありますが，罰則等はあるのでしょうか。

A 平成24年7月9日に施行された在留管理制度・特別永住者制度の下で法務大臣が継続的に把握する氏名は，旅券その他本国政府の発行する証明書に記載される「本名」であり，通称は，在留管理において必要な情報には当たらないことや，基本的に，住民行政サービスに必要な情報は，外国人に係る住民基本台帳制度において保有されること等を考慮し，法務省において通称の管理（在留カード等への記載を含む。）をしないこととしたものと承知しています。

また，当該みなされる期間を経過するも，特別永住者証明書へ切り替えていない特別永住者の方については，そのことをもって特別永住者の地位が失われることはありませんが，「みなし再入国許可」の適用がないことや1年以下の懲役又は20万円以下の罰金に処する旨の罰則規定があると承知しています。

■ 参照法令等 ■

入管特例法第31条第2号

第1　Q&A

Q108

日本に初めて入国した直後の外国人住民から，通称の記載の申出があった場合，これに応じることはできますか。なお，社会生活上通用していることを証する資料として，入国後に働き始めたとする会社の社員証が提示されています。

A　住民票に記載する通称は，日本国内において社会生活上通用していることが前提となるものであり，これから使用しようとする呼称を通称として記載することを求める等の創設的な通称の記載は，出生，婚姻等の身分行為に伴う場合や日系人の場合を除き，原則として認められないと考えます。

　本件の場合，働き始めたばかりの会社の社員証のみをもって社会生活上通用している呼称であるとは認められないと考えますが，仮に国内における社会生活上通用していることを証する書類として複数の資料等の提示がなされたとしても，直ちに通称を記載することは適当ではありません。通称としての記載を求める呼称の使用期間についての明確な制限はありませんが，居住関係の公証の必要性の判断において，社会生活上通用している事実を確認するためには少なくとも一定程度の期間は当該呼称が使用されていることを必要とするものと考えます。

通称関係

Q109

氏名と同一の呼称を住民票に通称として記載してほしいとの申出があった場合，これを認めることはできますか。

A 外国人住民基本台帳制度における通称は「氏名以外の呼称であつて，国内における社会生活上通用していることその他の事由により居住関係の公証のために住民票に記載することが必要であると認められるもの」であるため，氏名と同一の呼称を，通称として記載することはできません。

■ **参照法令等** ■

施行令第 30 条の 26 第 1 項

第1　Q&A

Q110

在留カード及び住民票の氏名がローマ字表記のみで記載されている中長期在留者から，旅券等の本国政府発行の文書に記載されている漢字氏名を住民票に通称として記載してほしいとの申出があった場合，これを認めることはできますか。

A　外国人住民基本台帳制度における通称とは「氏名以外の呼称であって，国内における社会生活上通用していることその他の事由により居住関係の公証のために住民票に記載することが必要であると認められるもの」と規定されているところ，いわゆる漢字圏の中長期在留者については，地方入国管理官署で在留カードに漢字氏名を併記する手続を行い，それが認められれば，住民票の氏名も法務省通知に基づき職権でローマ字表記に漢字表記を併記する修正が行われることとなります。

　したがって，本件の場合，漢字氏名は「氏名以外の呼称」には該当しないので，申出に応じることはできません。地方入国管理官署での在留カードに係る手続を案内することが適当と考えます。

■ 参照法令等 ■

施行令第 30 条の 26 第 1 項

通称関係

Q111

通称として使用できる文字について，簡体字，繁体字，ローマ字等の外国の文字やカンマ，ピリオド，ハイフン等の記号を使用することは認められないと考えますが，どうでしょうか。

A お見込みのとおりです。
住民票に記載する通称に使用できる文字は日本人が戸籍に記載することのできる文字です。なお，日本の国籍を有する親や身分行為の相手方等の氏に俗字が用いられており，当該文字を使用して通称として住民票に記載を求めることが確認できる場合には，当該俗字を使用して住民票の通称として記載しても差し支えありません。

■参照法令等■

平成24年4月4日総行住第37号通知「外国人住民に係る住民基本台帳事務に関する質疑応答について」問5

Q112

中長期在留者から，氏名の音（オン）をカタカナ読みにしたものを，通称として記載したいとの申出がありました。この申出に応じることはできますか。なお，在留カードには，ローマ字表記された氏名が記載されており，ローマ字表記された氏名の音（オン）をカタカナ読みにしたものを初めて通称として住民票に記載したいとして申し出ています。

A 通称は，施行令第30条の26における定義として，「氏名以外の呼称」とされていることから，氏名と同一視できる氏名の音（オン）をカタカナ読みにしたものは，一般的に氏名のふりがなに該当するものであって通称として記載することは適当ではないと考えられます。しかしながら，氏名の読み方に近い音（おん）をカタカナ表記したものについては，氏名とは別の呼称として住民票に通称として記載することもあり得るものと考えます。

したがって，この場合，ローマ字表記された氏名の音（オン）をカタカナ読みにしたものは，その発音を正確に日本語（カタカナ）で表記することは難しく完全に同じ読みであるとは言い切れないことから，氏名とは別の呼称として判断し，国内における社会生活上通用していることが客観的に明らかとなる資料の提示を求め，当該呼称を住民票に記載することが居住関係の公証のために必要であると認められる場合には，本申出に応じて差し支えありません。

通称関係

Q113

特別永住者から，氏名の漢字表記は同一で，その読み方を変えたものを，通称として記載したいとの申出がありました。この申出に応じることはできますか。なお，特別永住者証明書には，ローマ字表記の氏名の記載はなく漢字表記された氏名のみ記載されており，例として，次の通称を住民票に記載したいとして申し出ています。

　例　氏名：林　花子（読み方：リン　ハナコ）
　　　通称：林　花子（読み方：ハヤシ　ハナコ）
　　　※氏名と通称の漢字表記は同一，読み方が相違

A 通称は，施行令第30条の26における定義として，「氏名以外の呼称」とされていることから，漢字表記が同一という点で氏名と同一視できる呼称を通称として住民票に記載することは適当ではないと考えます。

また，氏名のふりがな（読み方）の住民票への記載については，法定事項ではなく，市町村が住民記録の整理等のために必要であるということで便宜的に記載しているものであり，ふりがな（読み方）は氏名の一部として公証されるものではないことから，漢字表記が同一でふりがな（読み方）のみが相違する氏名を通称として取り扱うこと自体できないものと考えます。

第1 Q&A

Q114

本国の氏名の漢字（一部）が簡体字等であり，在留カード及び住民票の漢字が当該文字と同じ形の正字で氏名が記載されている外国人住民から，当該文字を別の日本の正字に置き換えて日本の社会生活を送っているので，当該氏名を通称として記載したいとの申出がありました。この申出に応じることはできますか。なお，当該通称が，国内における社会生活上通用している等を疎明する資料は提示されています。

　例　本国の氏名の漢字：云（簡体字）
　　　在留カード及び住民票の氏名の漢字：云（入管正字(注)）
　　　通称として使用したい漢字：雲（常用漢字）
　　　※雲は云の簡体字でもある。
（注）　漢字告示に基づき置き換えられた正字を「入管正字」という。

A　外国人の氏名の漢字が簡体字等の日本の正字でない場合，在留カード等には「漢字告示」に基づき正字に置き換えて記載されますが，同告示によると簡体字等と同じ形の正字も多くあり，一見簡体字と見受けられるような漢字でも在留カードや特別永住者証明書に記載されているものは正字ということになります。

　ただし，このような外国人住民が同告示の置き換えとは異なる定義の正字の氏名で日本の社会生活を送っているという状況はあり得ると考えられます。このような場合，疎明資料の氏名は，在留カード等及

び住民票の氏名とは異なるものとみなし，氏名以外の呼称である通称と認め住民票に記載して差し支えないと考えます。

Q115

在留カードの氏名はローマ字でファーストネーム・ミドルネーム・ラストネームが記載されている外国人住民から，通称についても『氏』『ミドルネーム』『名』の3つのブロックに分けて記載したいとの申出がありました。この申出に応じることはできますか。なお，当該通称が，国内における社会生活上通用している等を疎明する資料は提示されています。

A 提出のあった疎明資料により，『氏』『ミドルネーム』『名』の3つのブロックに分けた呼称が，国内における社会生活上，客観的に明らかに通用しており，当該呼称を住民票に記載することが居住関係の公証のために必要であると認められる場合には，本申出に応じて差し支えありません。

■参照法令等■
事務処理要領第2－2－(2)－サ－(ア)

Q116

非漢字圏の外国人の方の氏名の順序が変わったとの法務省通知が届いた場合，当該者は，氏名の読み方を基にして通称を記載していますが，本人の申出がなくても，法務省通知によりそれぞれ修正してもよいでしょうか。

A 氏名の順序が変わった旨の法務省通知を受けた場合は，同通知に基づき住民票の氏名を修正することとなりますが，通称は法務省通知の対象ではないことから，同通知に基づき修正することはできません。

しかしながら，本人から，通称についても，その順序の変更申し出があった場合は，通称が氏名をもとに記載され，当該氏名の順序が変わったことにより，現在使用している通称との整合性がとれなくなり，個人の同一人性を特定するための呼称として不都合が生じると判断されるのであれば，氏名と同様の順で通称を記載することもやむを得ないと考えます。

なお，この場合における通称の順序変更は，施行令第30条の26の規定に基づき，いったん通称を削除し，改めて，通称の記載申し出を受けることが適当と考えます。

通称関係

Q117

転入の手続に来庁している外国人住民から，通称の履歴（記載及び削除）が記載された転出証明書を添えた届出がありました。現在，当該者の住民票に，通称は登録されていませんが，この通称履歴を記載するのでしょうか。

A 　記載します。外国人住民の通称の記載及び削除に関する事項（以下「通称の履歴」という。）の住民票への記載等については，施行令第 30 条の 27 に規定されています。そして，同条第 2 項第 1 号において，市町村長は外国人住民が転出証明書を添えて転入届をした場合，転出証明書に記載された通称の履歴を当該者に係る住民票に記載しなければならないとされていることから，現在，通称を登録しているかどうかにかかわらず，当該者の住民票に記載して引き継ぐこととなります。

第1　Q&A

Q118

数年前に国外転出した外国人住民が、再度同じ住所に転入し、住基法第30条の46の届出を行うために来庁しました。転出により消除した住民票（除票）には、通称の履歴が記載されています。当該者は、通称の使用を希望していませんが、今回作成する住民票に、この除票に記載されている通称の履歴を記載するのでしょうか。

　記載しません。外国人住民に係る住民票に通称の履歴を記載等しなければならないのは、次の場合とされております。
(1)　転出証明書を添えた転入届(注)があった場合
(2)　住基法第24条の2に規定する転入届の特例による場合（最初の転入届又は最初の世帯員に関する転入届があった場合）

したがって、本件は、これに当たりませんので、今回作成する住民票に、消除した住民票に記載された通称の履歴は記載しないこととなります。

　(注)　転出届の届出期間経過後に、転出証明書の代わりに交付された「転出証明書に準ずる証明書」又は「消除した住民票の写し」が添えられた転入届も含みます。

■ 参照法令等 ■

施行令第30条の27第2項

通称関係

Q119

数年前に国外転出した外国人住民が，再度同じ住所に転入し，住基法第 30 条の 46 の届出を行うために来庁しました。転出により消除した住民票（除票）には通称が記載されており，当該者は今回作成する住民票においても同じ通称を記載することを希望しています。この場合，除票により通称が確認できるので，当該通称を職権で記載してよいでしょうか。

A 外国人住民が，転出証明書を添えて転入届をした場合は，転出証明書に記載された通称を住民票に記載することとなりますが，本件のような住基法第 30 条の 46（又は住基法第 30 条の 47）の届出の場合は，転出証明書は添付されず新たに住民票を作成することとなりますので，通称の記載には，施行令第 30 条の 26 第 1 項で規定する申出書の提出が必要となります。このとき，通称が記載されている除票を疎明資料として取り扱うことはあり得ると考えます。

❶ ポイント

この場合，当該者は，通称の記載の手続を改めて行うこととなるので，市町村において通称の記載を認める場合は，消除した住民票に記載されている年月日ではなく，今般，当該通称を住民票に記載する年月日を記載します。

Q120

住民票を改製する際，旧住民票に記載された通称の履歴は，新住民票にすべて省略することなく移記するのでしょうか。

A　新住民票には，旧住民票の改製をする時点において，有効な記載事項のみを移記すれば足り，すでに修正又は消除された事項は移記することを要しないとされていますが，「通称の記載及び削除に関する事項」は，その履歴自体が施行令に定める記載事項であることから，省略することなくすべて新住民票に移記することとなります。

■参照法令等■

事務処理要領第 2 - 5 -(1)

Q121

住民票に通称が記載されている外国人住民から，通称を変更したいとの申出があった場合，これを認めることはできますか。

A 住民票に記載する通称は，「氏名以外の呼称であって，国内における社会生活上通用していることその他の事由により居住関係の公証のために住民票に記載することが必要であると認められるもの」とされています。したがって，ひとたび社会生活上通用しているとされた通称が変わるということは通常は想定されないものであり，原則として認められません。日本人が戸籍の氏名を変更する場合も，家庭裁判所の許可が必要である等，厳格な取扱いとなっている点にも留意すべきと考えます。

■ **参照法令等** ■

- 施行令第 30 条の 26 第 1 項
- 平成 25 年 11 月 15 日総行外第 18 号通知「住民基本台帳事務における通称の記載（変更）における留意事項について」

第1　Q&A

Q122
いわゆる通称の変更が認められるときは，どのような場合でしょうか。

A 　ひとたび社会生活上通用しているとされた通称が変わるということは通常は想定されないものであり，通称の変更は原則として認められませんが，婚姻等の身分行為の相手方の氏（身分行為の相手方が外国人住民である場合の通称の氏を含む。）を使用した通称への変更については，当該身分行為以降，当該呼称が社会生活上通用することに特段の疑義がないため，いわゆる通称の変更を認めて差し支えありません。

　なお，いわゆる通称の変更は通称の記載の修正ではなく，当該者からの通称の削除の申出及び新たな通称の記載の申出により，身分行為の相手方の氏を確認した上で住民票に新たな通称を記載することとなります。

　ただし，身分行為に基づいて通称の変更を申し出る場合であっても，名の部分について以前の通称と異なるものを記載することは，社会生活上通用している名の部分を変更することとなるので，原則として認められません。この点も含めて，通称の変更に関しては，日本人の氏名変更の場合に準拠して判断することとなります。

通称関係

Q123

婚姻に伴って配偶者の氏を通称の氏として住民票に記載していた外国人住民から，離婚したので婚姻前に使用していた従前の通称に戻したいとの申出があった場合，従前の通称を記載することはできますか。

A 婚姻の相手方の氏が住民票に通称として記載されていた外国人住民が，離婚後，従前の通称の氏を新たな呼称として申し出た場合は，申出のあった呼称が今後使用されることについて特段の疑義がないため，国内における社会生活上通用していることの確認に代えて，当該従前の通称の氏の確認を行うことで，現在の通称を削除した上で当該通称を住民票に記載することとして差し支えありません。

ただし，名の部分については，Q122の回答でお示ししたとおり，原則として異なるものを記載することは認められません。

なお，従前の通称の氏の確認の方法としては，登録原票の写し，住民票の写しによることが想定されます。

第1　Q&A

Q124

婚姻前は住民票に通称の記載がなかった外国人住民が，婚姻により配偶者の氏を通称の氏として住民票に記載した後に離婚した場合，婚姻前の氏とは別の新たな氏の通称を記載することはできますか。

A　通称のいわゆる変更は原則として認められません。一般的に，離婚により，婚姻前の通称の氏に戻ることは想定されても，一度も使用したことのない氏が国内における社会生活上，当然に通用するとは想定困難であり，これを住民票に記載することが居住関係を公証するために必要であるとは認められないと考えます。

しかし，以下のような氏の通称にする場合には，当該氏を資料により確認できるのであれば，申出のあった呼称が今後使用されることについて特段の疑義がないため，通称の名は変更しないことを前提に，現在の通称を削除した上で当該通称を記載することとして差し支えないと考えます。

①　親の住民票に通称が記載されている場合，その親の通称の氏
②　日系の外国人住民である場合，氏名の日本式氏名部分の氏
③　非漢字圏の外国人住民である場合，氏名の氏のローマ字をカタカナ読みで記載したもの

通称関係

Q125

母が離婚したことにより，住民票の通称を婚姻前に使用していた通称に変更したとき，母と同じ氏の通称を記載している子について，母の変更後の通称と同じ氏の通称に変更したいとの申出があった場合，これを認めることはできますか。

A 　日本人については，母が離婚し婚姻前の氏に戻った場合，子の氏を母と同じ氏に変更するための手続として，子の氏の変更許可の申立を家庭裁判所に行うことが認められていると承知しており，外国人住民の通称の氏についても，同様の状況であれば，変更を認めて差し支えないと考えます。

第1　Q&A

Q126

住民票に父の氏を通称として記載している外国人住民から，20年以上前に父と離婚した母の氏（母は再婚により再婚相手の氏を通称として使用）に通称を変更したいとの申出がありました。本件の場合，外国人住民の母の氏の確認を行うことで，この申出に応じることはできますか。

A　通称のいわゆる変更は原則として認められません。また，当該者は父母の離婚後，父方の氏を相当期間使用しており，今後，一度も使用したことのない母の再婚相手の氏を使用することが，国内における社会生活上，当然に通用するとは想定困難です。

　したがって，この場合，単に外国人住民の母の氏の確認を行うことで，社会生活上通用していることの確認に代えて通称を変更することは適当ではなく，また，今まで使用していた父の氏を通称として使用することによって社会生活上支障を来す等，通称の氏を変更することがやむを得ない状況であること等についても確認することが適当と考えます。

Q127

通称を漢字で記載している外国人住民から，当該通称をカタカナ読みにしたものに変更したいとの申出があった場合，認めることはできますか。

A 通称のいわゆる変更は原則として認められません。
　現在記載されている漢字の通称は国内における社会生活上通用しているが故に通称として認められているものであり，当該通称をカタカナにしたものが通用しているとは，通常は考えにくいものであることから，社会生活上通用していると判断することは困難と考えます。

　なお，通称には，できるだけふりがなを付すことが適当であるとされているところ，漢字の通称をカタカナ読みしたものは一般的に通称のふりがなに当たると考えます。

■ 参照法令等 ■
事務処理要領第2－1－(2)－ニ－(ウ)

Q128

住基法第22条の届出手続のため来庁した外国人住民から，当該転入届とともに転出証明書に記載された通称を変更したい（身分関係等によるものではない）との申出がありました。転出証明書を添えた転入届があった場合には，今までの通称及び通称履歴は引き継がれ，また，当該通称は原則変更できないと承知していますが，例えば，当該者が，国外転出により住民票が消除された後，再度入国して行う住基法第30条の46又は第30条の47による届出を行った場合は，今までの通称及び通称履歴は引き継がれないことから，この従前の通称とは異なる通称を認めてよいということでしょうか。

A　前段の住基法第22条の規定に基づく届出の場合に，転出証明に記載された通称を変更できないことについては，お見込みのとおりです。

また，後段の住基法第30条の46又は第30条の47による届出とともに通称の申し出がなされた場合については，改めて施行令第30条の26の規定に基づき，国内における社会生活上通用していること等の確認が必要となります。

ただし，ひとたび社会生活上通用しているとされた通称が変わることは通常は想定されないものであり，これは，国外転出や在留資格の喪失等により住民票が消除された後，再度住民票の記載の手続をし，

通称の履歴が引き継がれない場合においても，その考え方は基本的には変わるものではありません。

　したがって，今まで記載されていた通称とは異なる通称を記載することは，通称の変更と同様に，原則として認められません。

Q129

婚姻に伴って配偶者の氏と同じ氏の通称を住民票に記載している外国人住民が離婚した場合，職権で通称を削除する必要はありますか。また，同様の場合で，婚姻前に別の通称を記載していた者について，職権で従前の通称に変更する必要はありますか。

A 日本人の場合，婚姻の際に改姓した者は，離婚により原則として婚姻する直前の氏に戻りますが，戸籍法上の届出等により離婚の際に称していた氏を称することも可能です。配偶者の氏と同じ氏の通称で社会生活を送っていた外国人住民が，離婚した後も，社会生活において当該通称を変えずに使用することは否定されるものではなく，離婚したことをもって職権で通称を削除することは適当ではありません。本人から通称の削除の申出があった場合に，住民票の通称を削除することとなります。

また，婚姻前に別の通称を使用していた者についても，職権で従前の通称に変更することは適当ではありません。なお，本人から現在の通称の削除及び婚姻前の従前の通称の記載を求める申出があった場合，当該従前の通称を確認することができれば，申出のあった通称が今後使用されることについて特段の疑義がないため，現在の通称を削除し，当該通称を記載することとして差し支えありません。

通称関係

Q130

本来通称に使用できない外国の文字や記号が記載された通称が転出証明書に記載されている者が転入した場合，当該通称を職権で修正してもよいでしょうか。

A 通称を職権で修正することは本来想定されていませんが，本件のように通称に使用できない文字等が使われている等，明らかに誤記である場合には住民票に記載された通称を職権で修正することとして差し支えないと考えます。

なお，通称が社会生活上通用している呼称であることを勘案すると，本人に確認した上で修正することが望ましく，また，本人に確認せずに修正した場合は，法令上の定めはありませんが，本人にその旨を伝えることが望ましいと考えます。

■ 参照法令等 ■

施行令第12条第3項

第1　Q&A

Q131

外国人住民の転入手続において，転出証明書に記載されている「通称の履歴」に使用できない文字が記載されていた場合，住民票作成時に修正したものを記載してよいでしょうか。

　　転出証明書を発行した際の誤記載でない場合は，転出証明書に記載されたとおりに，住民票に記載します。

なお，通称の履歴欄は，通称の記載又は削除に伴い記載する欄であることから，当該欄に使用できない文字や記号等が記載されている場合であっても，当該記載があった（当該通称が使用されていた）ことを残しておく必要があることから，修正することは適当でないと考えます。

■参考法令等■

施行令第30条の27第1項，第2項

通称関係

Q132
通称の記載の申出を本人以外の者が行うことはできますか。また，留意する点はありますか。

A 通称の記載又は削除の申出の届出方式については，施行令第30条の26第6項において，住基法第27条第2項及び第3項の規定が準用されています。そのため，現に通称の記載（又は削除）を求める申出の任に当たっている者が，申出をする者の代理人又は使者であるとき（同一の世帯に属する者を除く。）は，申出の任に当たっている者に対し，申出者の依頼により又は法令の規定により当該申出の任に当たるものであることを明らかにする書類の提示若しくは提出又は説明を求めます。

なお，通称を住民票に記載（又は削除）するということは，当該通称の公証に関わることであることから，提出された申出書や疎明資料等の記載内容その他の事情を総合的に判断し，事実に反する疑いがあるときは，その事実を確認することが適当と考えます。

■ **参照法令等** ■

事務処理要領第2－2－(2)－サ－(オ)

第1　Q&A

住民票の写し等の交付

Q133

住民票に通称が記載されている外国人住民に係る住民票の写し等の交付について，氏名の記載を省略した住民票の写し等の交付請求があった場合，どのように対応すればよいでしょうか。

A　外国人住民の通称は，市町村において，通称を住民票に記載することが居住関係の公証のために必要であると認められるときに記載されるものであるため，各種の居住関係の公証の場面において使用される住民票の写しについて，氏名と一体のものとして取扱うこととなります。

したがって，住民票に通称の記載がある外国人住民については，氏名を省略した住民票の写しを交付することはできません。必ず氏名と通称の両方が記載された住民票の写しを交付することとなります。

なお，住民票記載事項証明書の交付においても同様の取扱いとなります。

❗ポイント

住民票に通称が記載されている場合は，必ず氏名と一体のものとして取り扱うことから，いずれかを省略した住民票の写し等を交付することは適当でありません。

■ **参照法令等** ■

- 施行令第30条の26第7項
- 平成24年4月4日総行住第37号通知「外国人住民に係る住民基本台帳事務に関する質疑応答について」問6

第1　Q&A

Q134

住民票にローマ字による氏名のほか漢字名が併記されている外国人住民から，ローマ字による氏名の記載を省略した住民票の写し等の交付請求があった場合は，どのように対応すればよいでしょうか。

A　外国人住民の住民票の氏名は，地方入国管理官署で発行する在留カード等の記載と一致しなければなりません。漢字圏の中長期在留者については，当該者が地方入国管理官署で在留カードに漢字氏名を併記する手続を行った場合，住民票の氏名も法務省通知に基づき職権でローマ字表記に漢字表記を併記する修正を行うことで，在留カードの記載と一致させています。

したがって，住民票に漢字氏名の併記がある外国人住民について，ローマ字による氏名の省略又は漢字併記名の省略など，在留カードと相違するような記載で，住民票の写し等を交付することはできません。必ず，ローマ字による氏名と併記された漢字名の氏名の両方が記載された住民票の写し等を交付することとなります。

■参照法令等■
- 事務処理要領第1－6
- 入管法第19条の4
- 入管法施行規則第19条の6

住民票の写し等の交付

■**参考**■

　地方入国管理官署で発行する在留カード等の氏名表記は，原則として，当該外国人が所持する本国の旅券のとおり，ローマ字により記載されると承知しています。

Q135

中長期在留者に係る住民票の写し等の交付について，「在留資格」を記載し，「在留期間」と「在留期間の満了の日」の記載を省略した住民票の写し等の交付請求があった場合，どのように対応すればよいでしょうか。

A 　住民票の写し等の交付請求に対しては，在留資格と在留期間及び在留期間の満了の日を一体のものとして取り扱うことが適当です。

Q136

在留期間の満了の日を経過した外国人住民に係る住民票の写し等の交付請求があった場合、どのように対応すべきでしょうか。

A 在留期間の満了の日が経過し、不法滞在となった外国人については、法務省通知に基づき住民票が消除されますが、消除した住民票の写し等の交付請求があった場合には、住民票の写し等の交付に準じて取り扱うことが適当です。

また、在留期間の満了の日を経過していても入管法第20条第5項及び第21条第4項の規定による特例期間中であれば、住民票は消除されていませんので、住民票の写し等の交付請求に応じて差し支えありません。なお、この場合の在留資格、在留期間及び在留期間の満了の日については、在留期間等を経過している状態の記載のまま交付することとなります。

❗ポイント

資格要件（住基法第30条の45の表の上欄に掲げる区分）を失ったことにより住民票を消除した場合で、この消除された住民票の写し等の交付請求が、住基法第22条による転入届に添付するために行われたものである場合は、これに応じることは適当ではありません。

通常、再度、資格要件を満たして行われる届出は、住基法第22条ではなく同法第30条の46又は第30条の47によるものとなります。

■ 参照法令等 ■

事務処理要領第2-4-(5)

Q137

施行日（平成24年7月9日）に住民票が作成されたものの，施行日前に事実上国外に転出していた場合等，施行日時点で住基法の適用対象外であったことが後に判明した外国人について，住民票を職権で消除しました。当該消除した住民票の写し等の交付請求があった場合，どのように対応すればよいでしょうか。

A 施行日時点で事実上市町村の住民ではなかった外国人の住民票については，本来作成されるべきではなかったものであり，消除した住民票の写し等により居住関係を公証する必要性がないと考えられることから，当該請求に応じることは適当ではないと考えます。

Q138

帰化により日本人になった者に係る住民票の写し等の交付について，第三者請求において申出者が記載した請求対象者の氏名が帰化する以前の外国人住民としての氏名だった場合，請求に応じることはできますか。

A　請求対象者の同一性が確認され，かつ，請求が不当な目的によるものではないと判断されるときは，請求書の訂正を求めた上で受理し，住民票の写し等を交付することとして差し支えありません。

なお，この際には，帰化の届出日を告げることはしない等，請求対象者のプライバシーの保護に留意する必要があります。

第1　Q&A

Q139
住民票の写し等の交付請求があった場合，氏名のふりがなは記載して交付するのでしょうか。

A　住民票に記載する氏名のふりがなは，市町村が氏名の読み方を認定するという性格のものではなく，市町村が住民記録の整理のために必要であるということで便宜的に記載しているものです。

したがって，住民票の写し等に氏名のふりがなは記載しないで交付することが適当です。

❗ ポイント
通称にふりがなを付している場合も同様に，ふりがなは記載しないで交付することが適当です。

Q140

外国人住民が，自身の住民票の写しの交付請求のために来庁しています。当該者は，どの事項が必要かわからないため，すべての事項を省略することなく住民票の写しを発行してほしいと希望していますが，留意点はありますか。

A 外国人住民から住民票の写しの交付請求があった場合は，特別の請求がある場合を除き，次の事項は省略しても良いこととされています。

- 住基法第7条第4号，第8号の2及び第10号から第14号（通称を除く。）までに掲げる事項，国籍・地域並びに法第30条の45の表の下欄に掲げる事項の全部又は一部
- 住基法第7条に規定する記載事項以外の事項・消除された従前の表示

また，その請求事由等から，住民票記載事項証明書によって十分その目的が達成できると判断される場合にあっては，請求者の了解を得た上でできるだけ住民票記載事項証明書により対処することが適当です。

特に，住民票コード又は個人番号を記載した住民票の写し等の交付請求については，住民票コードには，住基法第30条の37及び第30条の38において，告知要求の制限，利用制限等に係る規定があり，個人番号には，「行政手続における特定の個人を識別するための番号の利用等に関する法律」（平成25年法律第27号）第15条及び第19条において，提供の求めの制限，提供の制限等に係る規定が設けられ

第1　Q&A

ていることから，これらの規定に抵触するおそれがある場合は，それぞれを省略したものを交付することとなりますので，以上を踏まえて，対応することが適当です。

■ **参照法令等** ■
- 住基法第12条第5項
- 事務処理要領第2－4－(1)－①－イ－(イ)，(ケ)，第2－4－(1)－①－ア－(オ)，(カ)

Q141
住民票の写し等の交付について，住民票の備考欄を記載して交付することはできますか。

A 　住民票の備考は住基法第7条の記載事項に掲げられた事項を記載したものではなく，行政執務上の資料とするためのものであり，個人のプライバシーに関する事項が含まれています。このことを踏まえ，住民票の写し等の交付に当たり，備考欄については，原則として，省略して交付することが適当です。

　ただし，本人から備考の記載の希望があった場合等，請求者，請求事由等を踏まえて慎重に判断し，交付しても差し支えない場合もあり得ると考えます。

第1　Q&A

Q142

特別永住者から住民票の写しの請求があり交付したところ，当該住民票の記載事項のうち「従前の住所」が空欄となっていることについて，問合せがありました。なお，当該者は，平成22年頃から当市にお住まいで，それ以前はＡ市にお住まいだったとのことです。どのように対応すればよいでしょうか。

A　外国人に係る住民基本台帳制度が施行されるにあたって，市町村長は，施行日前に当該市町村の登録原票に登録され，施行日（平成24年7月9日）において当該市町村の外国人住民であると見込まれる者について，仮住民票を作成しました。

仮住民票には，住基法第7条第1項から第4号まで，第7号，第8号，第10号から第11号の2まで及び第14号に掲げる事項，国籍・地域並びに第30条の45の表の上欄に掲げる者の区分に応じそれぞれ同表の下欄に掲げる事項を記載することとされており，仮住民票事務処理要領により，その記載方法等が示されました。その主な記載事項は次のとおりです。

- 住所及び住所を定めた年月日（住基法第7条第7号）：原則として，登録原票の「居住地」欄の記載に基づき記載する。住所を定めた年月日は，空欄とする。
- 住所を定めた旨の届出の年月日（職権で記載した場合にはその年月日）及び従前の住所（住基法第7条第8号）：施行日を記載する。従前の住所は，空欄とする。

また，上記事務処理要領に基づき作成等された仮住民票は，施行日において住民票となり，その際，外国人住民となった年月日に代えて，施行日を記載すると規定されています。

　したがって，本問合せに対しては，制度施行時における外国人に係る住民票の作成経緯を説明し，施行日前の住所に関する証明書等の求めがあった場合は，当時施行されていた外登法に基づく「登録原票」に，施行日前の住所（居住地）の記載があるかもしれませんので，登録原票の開示請求の手続について，法務省に問い合わせていただくよう案内することが適当と考えます。

■**参照法令等**■
　平成21年改正住基法附則第3条第1項，第4条第1項，第6条

第1　Q&A

その他

Q143

外国人住民が届出をすることなく国外に転出し，後日，国外から他市町村へ転入した場合，住民票コードの取扱いはどのようにしたらよいでしょうか。以前記載されていた市町村の住民票コードを引き継ぐのでしょうか。あるいは，新たな住民票コードを付番するのでしょうか。

A　日本人と同様，一度住民票コードが記載された外国人住民について，再度住民基本台帳に記録する際には，住民基本台帳ネットワークシステムの本人確認情報検索から以前記載された住民票コードを確認し，当該コードを住民票に記載することとなります。

なお，本人へのヒアリングや氏名（通称），生年月日，性別，住所の基本4情報を検索しても過去の記録から本人が特定できなかった場合は，新たな住民票コードを付番することとなります。

■ 参照法令等 ■
- 住基法第30条の3第1項
- 施行令第30条の2第1項

Q144

日本人から国籍喪失届があり，当該者の外国人住民としての住民票を作成した場合，住民票コードは当該者の日本人としての住民票に記載されていたものを引き継ぎますか。あるいは，新たな住民票コードを付番するのでしょうか。

A　住民票の記載をする場合には，直近に記載した住民票コードを記載するため，以前に住民票コードを記載したことがある者については，当該住民票コードを引き継ぐこととなります。そのため，本件については当該者の日本人としての住民票に記載されていた住民票コードを引き継ぐこととなります。

なお，外国人住民が帰化又は国籍取得により日本人となった場合も，当該者の日本人としての住民票には，外国人住民としての住民票に記載されていた住民票コードを引き継いで記載することとなります。

■ 参照法令等 ■

住基法第 30 条の 3 第 1 項

Q145

外国人住民としての住民票を作成した者が，日米地位協定により住民基本台帳制度の対象外だったことが判明したため，住民票を消除しました。その後，当該者が日米地位協定の適用を受けない者となり，在留資格を取得して中長期在留者となったため，再度住民票を作成することとなりました。この場合，以前消除した住民票に記載されていた住民票コードを引き継ぐべきですか。

A お見込みのとおりです。作成すべきでなかった住民票に記載された住民票コードであっても，当該者の同一人性が確認出来る場合には，作成すべきでなかった住民票に記載された住民票コードを引き継ぐことが適当です。

その他

Q146

外国人住民について，住民基本台帳ネットワークシステム等に関する規定の適用日（平成25年7月8日）前に住民票を消除すべき事由が生じていたことを適用日以後に把握した場合等，本来付番されるべきではない住民票コードが記載された住民票はどのように取り扱えばよいでしょうか。

A　外国人住民の住民基本台帳ネットワークシステム等に関する規定の適用日（平成25年7月8日）前に，外国人が国外に転出していた等，消除すべき事由が生じていたが，適用日以降に当該事実が判明したため住民票コードが付番された住民票については，当該市町村において，住民票コードを記載したまま，消除することとなります。

第1 Q&A

Q147

外国人住民の氏名又は通称のふりがなを修正した場合，本人確認情報の更新は行うのでしょうか。

A 氏名又は通称のふりがなを修正しても，それだけで本人確認情報の変更として通知する取扱いとはせず，転入，転居等他の本人確認情報の通知を行う場合に最新のふりがなを通知することとして差し支えありません。

❗ ポイント

外国人住民の通称にふりがなを付した場合，通称の一部となり，本人確認情報に含まれることとなります。

■参照法令等■

平成25年3月15日総行外第6号通知「外国人住民に係る住民基本台帳ネットワークシステムの適用に関する質疑応答について」問7，問8

その他

Q148
法務省通知により，外国人住民の氏名について，その順序のみが入れ替わりました。この場合の異動事由は職権修正でしょうか。あるいは軽微な修正でしょうか。

A 　氏名の順序のみが入れ替わった場合は，施行規則第11条第3項第2号の規定により，異動事由を「軽微な修正」とする本人確認情報を都道府県知事に通知することになります。

なお，「軽微な修正」に該当するかどうかについては，『「公的個人認証サービスの電子証明書の軽微な修正による失効の防止に関する質疑応答について」の一部改正について』（平成28年3月4日総行住第35号）で例示されています。

■ **参照法令等** ■
　住基法第30条の6

第1　Q&A

Q149
電子証明書の「軽微な修正」とはどのようなものでしょうか。

A　電子証明書に記録された基本4情報（氏名（通称を含む。），生年月日，性別，住所）が変更された場合には，電子証明書を失効させる必要があります。基本4情報に係る記載の修正等を行った場合には，市町村長から都道府県知事に対して通知がなされることとなっていることから，これらの通知があった場合の情報を利用することで，電子証明書を失効させています。一方，基本4情報について，本人の意思によらず，実質的な変更を伴わない軽微な修正があった場合については，これを「軽微な修正」として取扱い，電子証明書は失効させないこととしています。

■参照法令等■

「電子署名等に係る地方公共団体情報システム機構の認証業務に関する法律」（平成14年法律第153号）第12条第1号

その他

Q150
外国人住民について,どのような修正が「軽微な修正」に該当しますか。

A 戸籍の電算化に伴う戸籍氏名の修正や政令市への移行,市町村合併に伴って市町村名が変更されたことよる住所の記載の変更等が「軽微な修正」に該当しますが,外国人特有の「軽微な修正」については,例えば下記の場合が考えられます。

- 漢字表記のみの氏名から,漢字とローマ字併記の氏名へと記載を修正した場合

    在留カード等における外国人住民の氏名は,原則ローマ字表記となっており,在留カード等に漢字表記しかなかった者が,ある時点からローマ字表記も併記されることとなるのは本人の意思によらないやむを得ないものであるため,軽微な修正として取り扱うのが適当です。ただし,漢字表記のみの氏名からローマ字表記のみの氏名へと記載を修正した場合は,本人の意思によらないとはいえず,軽微な修正には該当しません。

- 氏名の中の順序のみを修正した場合

    在留カード等における外国人住民の氏名は,旅券の身分事項欄に表記されているものを表記するものと承知しておりますが,本国政府の取扱いによって旅券の氏名の順序が変更される場合があると承知しています。この場合は,本人の意思による修正ではないため,軽微な修正として取り扱うことが適当です。

- 在留カード等の氏名は変更されていないものの,漢字告示に係る対応表の中で同一の文字とされている範囲内で,氏名の漢字を修

正した場合

　外国人の漢字氏名の簡体字等については，漢字告示に基づき正字へと置換されると承知しておりますが，当該正字に対応する住基統一文字が複数存在する場合があります。この場合，一つの正字に対応する複数の住基統一文字の間で氏名の修正をした場合は，軽微な修正として取り扱うことが適当です。

その他

Q151

平成21年改正住基法施行日よりも前から日本に住んでいる外国人住民が、同法施行日以前の住所を証明できる書類の交付を求めてきました。どのように対応したらよいでしょうか。

A 　外国人が住基法の適用対象となったのは、平成24年7月9日（平成21年改正住基法施行日）以降であり、施行日以前の住所の履歴情報は住民票には記載されていません。

したがって、住民基本台帳制度においては、住民票に記載されていない従前の住所等の情報を提供することはできません。従前の住所は当時施行されていた外国人登録制度における登録原票（の写し）から確認出来る場合もあるので、登録原票を回収・保管している法務省に問い合わせていただくよう案内することが適当と考えます。

第1　Q&A

Q152

ある行政機関から転出入を繰り返す外国人住民の住所の履歴について照会したいとの相談がありました。日本人の場合は，戸籍の附票を照会することで確認できますが，外国人の場合は附票がないため，どのように対応したらよいでしょうか。

A　住民票に「従前の住所」が記載されている場合は，それをおっていく方法も考えられます。しかしながら，外国人住民のうち，中長期在留者又は特別永住者は，住基法に基づく住所の届出のほか，入管法又は入管特例法に基づく「住居地」の届出についても義務づけられているため，市町村長を経由して法務大臣に届け出られた「住居地」について法務省に照会する方法も考えられますので，当該者の住居地情報を保有する法務省にご相談いただくよう案内することもあり得ます。

（注）　外国人に係る住居地情報に関し，同情報を保有する行政機関（法務省）が「行政機関の保有する個人情報の保護に関する法律」（平成15年法律第58号）第8条第2項第3号に該当すると判断した場合は提供されるものと承知しています。

第2 参考資料

「第1 Q&A」の「参照法令等」に掲載する「住民基本台帳事務処理要領」,「仮住民票事務処理要領」及び通知・事務連絡の該当項目の全部又は一部を参考資料として登載していますので,ご参照ください。

第2 参考資料

Q61
「出入（帰）国記録等に係る照会に当たっての留意事項」（法務省入国管理局）

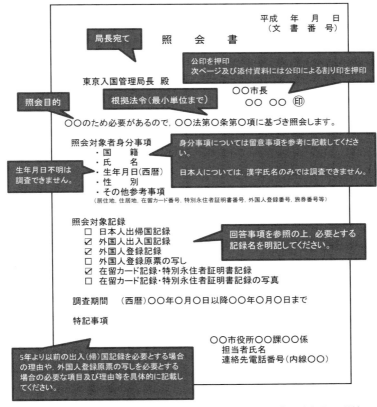

詳細については「出入（帰）国記録等に係る照会に当たっての留意事項」を参照してください。

第2　参考資料

出入（帰）国記録等に係る照会に当たっての留意事項

平成29年3月
法務省入国管理局

1　照会担当窓口等
（1）照会担当窓口
　　　東京入国管理局調査企画部門
（2）照会書の送付先（封筒の宛先）
　　　〒108－8255　東京都港区港南5－5－30
　　　東京入国管理局（出入・登録照会担当）
　　　・郵券を貼り、返送先を明記した返信用封筒を同封してください。
　　　・持込及び電話による照会の受付、回答は行っていません。また、業務を遅延させる原因となるため、進捗状況に関する問い合わせはお控えください。
（3）照会書本文の宛名
　　　東京入国管理局長
（4）照会書に記載する項目
　ア　所属長の官職・氏名及び公印
　　　・照会者の官職・氏名を記載し、公印を押印した公文書により照会してください。
　　　・次ページ又は添付資料がある場合は、公印による割り印を押印し、訂正箇所がある場合は、公印による訂正印を押印してください。
　イ　照会目的
　ウ　根拠法令
　　　・関係機関に対し個人情報の提供を求めることができる旨定められている法令を最小単位まで記載してください。
　　　　　　（例）国税通則法第74条の12第6項→〇、国税通則法第74条の12→×
　　　・照会の根拠法令がない場合は、業務を定める法令を記載し同法令と照会対象者との関係性を示す資料を添付してください。個人情報提供の適否については、行政機関の保有する個人情報の保護に関する法律第8条第2項各号の該当性と法令の趣旨に沿って判断します。
　エ　照会の対象となる記録
　　　・必要とする記録名を照会書に記載してください。
　　　　①　日本人出帰国記録
　　　　②　外国人出入国記録
　　　　③　外国人登録記録
　　　　④　外国人登録原票の写し
　　　　⑤　在留カード記録・特別永住者証明書記録
　　　　⑥　在留カード記録・特別永住者証明書記録の写真
　オ　照会対象者の身分事項等
　カ　担当者の氏名及び電話番号（内線番号）

　　　　　　　　　　　　　　　　　　　　　外国人の住所履歴を必要とする場合は、
　　　　　　　　　　　　　　　　　　　　　左の③及び⑤を照会してください。

2　照会に当たっての留意事項及び回答項目
（1）共通事項
　ア　一つの照会書に複数（5人程度を上限とする）の人定事項を記載する場合は、日本人と外国人は照会書を分け、人定事項に「1」、「2」等の項番を付してください。また、多数の照会については、投かん日を分散してください。
　イ　回答書については、当局の様式を使用します。なお、照会書に同封された回答用の書面等については、当局の資料として取り扱うため、返送することはできません。
　ウ　旅券、在留カード、特別永住者証明書等、身分事項を確認できる資料がある場合は、その写しを添付してください。
　エ　重国籍の可能性がある場合は、その旨を照会書に記載してください。なお、判明している場合は、参考事項として両親の身分事項等を記載してください。
　オ　照会対象者の身分事項については、次のとおり記載してください。
　（ア）日本人
　　　①　国籍及び本籍
　　　　　国籍を「日本」と記載し、判明している場合には本籍も記載してください。
　　　②　氏名
　　　　　旅券上の英字氏名（英字氏名が不明の場合は、漢字氏名及び仮名氏名）を記載してください。
　　　　　漢字氏名のみでは調査ができません。
　　　③　生年月日
　　　　　西暦で記載してください。
　　　　　生年月日の記載がない場合は、調査ができません。
　　　④　性別
　（イ）外国人
　　　①　国籍
　　　　　判明している場合は、台湾、香港、北朝鮮等の地域名を記載してください。
　　　　　国籍が不明の場合は、参考事項（居住地、住居地、在留カード番号、特別永住者証明書番号、外国人登録番号、旅券番号のいずれか）を記載してください。参考事項と合致する記録のみを回答します。
　　　②　英字氏名
　　　　　中国人及び韓国（朝鮮）人については、漢字氏名及び英字氏名の両方を記載してください。いずれか一方のみの記載では、回答できる記録が限られる場合があります。
　　　　　・通称名のみでは調査ができません。
　　　　　・帰化後の日本名のみでは調査ができません。
　　　　　英字氏名が不明の場合は、仮名氏名とともに参考事項を記載してください。参考事項と合致する記録のみを回答します。
　　　③　生年月日
　　　　　西暦で記載してください。
　　　　　生年月日の記載がない場合は、調査ができません。
　　　④　性別
（2）照会記録別の留意事項及び回答項目
　ア　日本人出帰国記録及び外国人出入国記録
　（ア）調査期間は、過去5年及び当年の調査日の前日までとします。なお、過去5年より以前の記録を必要とする場合は、調査期間を指定し、具体的な照会理由及び必要性を記載してください。
　　　調査期間は、西暦で記載してください。
　　　　（例）「〇〇年の税調査の実施に当たり、〇〇年以降〇年間の居住状況の確認が必要。」
　　　　　　　「国民健康保険加入期間算定のため、〇〇年以降の記録が必要。」
　（イ）日本人出帰国記録の回答項目は、次のとおりです。
　　　①　氏名（旅券上の英字氏名）
　　　②　生年月日（西暦）
　　　③　性別

- 1 -

第2　参考資料

　　　　　④　旅券番号
　　　　　⑤　出帰国年月日
　　　　　⑥　出帰国港
　　　　　⑦　使用航空機便名及び乗降機地
　　　（ウ）外国人出入国記録の回答項目は，次のとおりです。
　　　　　①　国籍・地域
　　　　　②　氏名
　　　　　③　生年月日（西暦）
　　　　　④　性別
　　　　　⑤　住居地（最新のみ）
　　　　　⑥　出入国年月日
　　　　　⑦　出入国港
　　　　　⑧　使用航空機便名及び乗降機地
　　イ　外国人登録記録（1981年10月1日から2012年7月8日まで）
　　　2012年7月9日の法改正に伴い外国人登録法は廃止されました。同月9日以降の記録を必要とする場合は，在留カード記録・特別永住者証明書記録を照会してください。
　　　回答項目は，次のとおりです。
　　　　①　国籍・地域
　　　　②　氏名
　　　　③　生年月日（西暦）
　　　　④　性別
　　　　⑤　外国人登録番号
　　　　⑥　外国人登録年月日
　　　　⑦　居住地
　　　　⑧　在留資格
　　　　⑨　在留期間
　　　　⑩　在留期限
　　　　⑪　世帯主の氏名及び世帯主との続柄
　　ウ　外国人登録原票の写し（2012年7月8日まで）
　　（ア）外国人登録原票にのみ含まれる電算化されていない個人情報を必要とする場合には，項目を特定の上，具体的な照会理由及び必要性を記載してください。
　　　　（例）「生活保護の審査に当たり，同一人性を確認するため，写真（通称名）が必要。」
　　　　　　　「税徴収に当たり，督促状を送付するため，国籍の属する国における住所又は居所が必要。」
　　　　　　　「税徴収に当たり，世帯構成員等から相続権のある者の確認が必要。」
　　（イ）回答の対象となる外国人登録原票は，最後に作成された外国人登録原票のみとします。それ以前の外国人登録原票を必要とする場合は，調査期間等を特定した上，必要とする理由を詳細に記載してください。
　　（ウ）照会の根拠となる法令の趣旨と照会書に記載された照会理由を照らし合わせた結果，全ての項目を回答する必要性がないと判断した場合は，不要な項目をマスキングした上で回答します。
　　（エ）判明している場合は，帰化，死亡，出国等の年月日を記載してください。
　　（オ）1981年10月1日以降の記載内容のうち，下記①から⑩までの項目は外国人登録記録と同一です。同項目を必要とする場合は，外国人登録原票ではなく，外国人登録記録を照会してください。
　　（カ）回答項目は，次のとおりです。
　　　　①　国籍　　　　　　　　　　　　　　　　　　　　⑫　本邦にある父母及び配偶者の氏名，生年月日及び国籍
　　　　②　氏名　　　　　　　　　　　　　　　　　　　　⑬　出生地
　　　　③　生年月日（西暦）　　　　　　　　　　　　　　⑭　国籍の属する国における住所又は居所
　　　　④　性別　　　　　　　　　　　　　　　　　　　　⑮　上陸許可年月日
　　　　⑤　外国人登録番号　　　　　　　　　　　　　　　⑯　旅券番号
　　　　⑥　外国人登録年月日　　　　　　　　　　　　　　⑰　旅券発行年月日
　　　　⑦　居住地　　　　　　　　　　　　　　　　　　　⑱　職業
　　　　⑧　在留資格　　　　　　　　　　　　　　　　　　⑲　勤務所又は事務所の名称及び所在地
　　　　⑨　在留期間　　　　　　　　　　　　　　　　　　⑳　写真
　　　　⑩　世帯主の氏名及び世帯主との続柄　　　　　　　㉑　署名
　　　　⑪　世帯主である場合には，世帯を構成する者の氏名，　㉒　通称名
　　　　　　生年月日，国籍及び世帯主との続柄
　　エ　在留カード記録・特別永住者証明書記録（2012年7月9日以降）
　　　回答項目は，次のとおりです。
　　　　①　国籍・地域
　　　　②　英字氏名（漢字氏名は，入力されている場合に限る）
　　　　③　生年月日（西暦）
　　　　④　性別
　　　　⑤　在留カード等番号及び期限
　　　　⑥　住居地
　　　　⑦　在留資格
　　　　⑧　在留期間
　　　　⑨　在留期限
　　オ　在留カード記録・特別永住者証明書記録の写真（2012年7月9日以降）
　　　回答項目は次のとおりです。
　　　　①　当局保管の最新の顔写真
　　　　②　国籍・地域
　　　　③　氏名
　　　　④　生年月日（西暦）
　　　　⑤　性別
　　　　⑥　在留カード等番号
3　回答書の内容
　　回答書の内容は，行政機関の保有する個人情報の保護に関する法律の規定に基づき管理されている個人のプライバシーに係る情報ですので，その内容をみだりに他人に知らせたり，不当な目的及び照会目的以外に使用したりすることのないよう，厳格に取り扱いください。

　　　　　　　　　　　　　　　　本留意事項については貴庁内で回覧・周知してください。

- 2 -

199

第2 参考資料

Q19
事務処理要領

第4−2−(2)−ウ

ウ 届出をし又は付記をした事項が，届出書の記載の内容その他の事情を総合的に判断し，事実に反する疑いがあるときは，法第34条第2項の規定により調査し，その事実を確認する。

Q24
平成24年10月29日事務連絡
「外国人住民に係る住民基本台帳事務の取扱いについて」

（問3） 再入国許可を得て出国した外国人住民が，国外に住所を移したにもかかわらず，転出届をしなかった場合において，当該外国人住民が日本国内に再入国し，出国前の住所地市町村以外の市町村に転入するとき，どのように取扱えばよいか。

（答） 転入先市町村においては，法第30条の46の規定に基づく届出を受理し，出国前の住所地市町村に，届出があった旨を連絡することが適当である。また，連絡を受けた出国前の住所地市町村においては，住民票を職権で消除することが適当である。

Q29
事務処理要領

第2−1−(2)−ト

ト 外国人住民となった年月日（法第30条の45）

法第30条の45の表の上欄に掲げる者となった年月日又は住民となった年月日のうち，いずれか遅い年月日を記載する。

Q30
事務処理要領

第2−1−(2)−ク，コ，ト

ク 住所を定めた年月日（法第7条第7号）

一の市町村の区域内において転居をした者については，現在の住所に転居をした年月日を記載する。転居をしたことのない者については，記載をする必要はない。

コ　従前の住所（法第7条第8号）

　　転入をした者について転出地の住所を記載する。従前の住所は，原則として，転出証明書に記載された住所と一致する。なお，法第30条の46及び法第30条の47に基づく届出をした者については，記載を要しない。

ト　外国人住民となった年月日（法第30条の45）

　　法第30条の45の表の上欄に掲げる者となった年月日又は住民となった年月日のうち，いずれか遅い年月日を記載する。

Q31，Q32

第4－2－(1)－イ

イ　届出書に添付すべき書類が添付されているかどうか（法第22条第2項，法第30条の46，法第30条の47，法第30条の48，法第30条の49，令第30条）。

　　法第30条の46の転入の届出，法第30条の47の届出については，在留カード等の提示が義務付けられている。

　　外国人住民が転入届，転居届を行う場合，在留カード等の提示は義務とはされてないが，入管法及び入管特例法上，在留カード又は特別永住者証明書を提出して転入届，転居届をしたときは，法務大臣への住居地の届出とみなすこととされている（入管法第19条の9第3項，入管特例法第10条第5項）ことを踏まえ，外国人住民の便宜の観点から，在留カード又は特別永住者証明書の提出を促すことが望ましい。

　　なお，国民健康保険の被保険者である者が転居届または世帯変更届に添えるべき国民健康保険の被保険者証又は被保険者資格証明書とは，アなお書の被保険者証又は被保険者資格証明書をいうものである。

Q35

事務処理要領

第1－6

6　入管法及び入管特例法との関係

　　外国人住民のうち，中長期在留者等の住民票の記載事項中本人の氏名，出生の年月日，男女の別，国籍・地域（法第30条の45に規定する国籍等をいう。以下同じ。）及び法第30条の45の表の下欄に掲げる事項は，入管法及び入管特例法に基づき中長期在留者等に交付された在留カード等の記載と一致しなければならない。

第 2　参考資料

　このため，法務大臣は，入管法及び入管特例法に定める事務を管理し，又は執行するに当たって，外国人住民の氏名，出生の年月日，男女の別，国籍・地域及び法第 30 条の 45 の表の下欄に掲げる事項に変更があったこと又は誤りがあることを知ったときは，遅滞なく，その旨を当該外国人住民が記録されている住民基本台帳を備える市町村の市町村長に通知しなければならないこととされている（法第 30 条の 50）。

Q40
事務処理要領
第 4 − 3 −(4)
(4)　転出届はあらかじめ行うこととされているが，事情により住所を移すまでの間に届出を行うことができない場合等には，転出をした日から 14 日以内に限り転出届を受理することができる。この期間を経過した日以後は，職権による住民票の消除等により，転出証明書の代わりに，転入届に添付すべき書類として発行した旨を記載した転出証明書に準ずる証明書又は消除した住民票の写しを交付する。

Q44
平成 24 年 7 月 10 日総行外第 21 号通知
『「続柄を証する文書」に係る質疑応答について』
（問 1）　外国人住民が「続柄を証する文書」を添えて届出をする場合，届出者から当該文書の還付を求められたときには，これに応じて良いか。
（答）写しを取った上で，還付の求めに応じることは差し支えない。この場合，当該写しに，「続柄を証する文書」を確認後還付した旨を記録することが適当である。

Q48
事務処理要領
第 4 − 2 −(1)− ウ
ウ　世帯主でない外国人住民であってその世帯主が外国人住民である者が，次の届出を行う場合は，原則として，世帯主との続柄を証する文書及び外国語によって作成されたものについては翻訳者を明らかにした訳文が添付されているかどうか（法第 30 条の 48，法第 30 条の 49，規則第 49 条）。

㈎　転入届
㈏　転居届
㈐　世帯変更届
㈑　法第 30 条の 46 による届出
㈒　法第 30 条の 47 による届出
㈓　法第 30 条の 48 による届出

　なお，外国人住民の世帯主との続柄を証する文書については，戸籍法に基づく届出に係る受理証明書若しくは記載事項証明書又は結婚証明書若しくは出生証明書その他外国政府機関等が発行した文書であって，本人と世帯主との続柄が明らかにされているものとする。

平成 24 年 7 月 10 日総行外第 21 号通知
『「続柄を証する文書」に係る質疑応答について』
(問 2)　「続柄を証する文書」の例として，住民基本台帳事務処理要領第 4 - 2 -
　　　(1) - ウによると，戸籍法に基づく届出に係る受理証明書又は記載事項証明書等が示されているが，外国人住民に係る住民票の写し等により確認した続柄を住民票に記載してよいか。
(答)　住民票の写し又は記載事項証明書（消除された住民票の写し等を含む。）によっても，届出のあった時点における世帯主との続柄を確認できる場合には，当該続柄を住民票に記載して差し支えない。
　　なお，届出のあった続柄に疑義がある場合には，必要に応じ，口頭で質問を行う等により，事実確認を行うことが適当である。

Q50
仮住民票事務処理要領
第 4 - 2 - (5), (6)
(5)　住所及び住所を定めた年月日（法第 7 条第 7 号）
　　原則として，外国人登録原票の「居住地」欄の記載に基づき記載する。
　　外国人住民と見込まれる者と日本の国籍を有する者との複数国籍世帯において，外国人住民と見込まれる者の外国人登録原票の居住地欄と日本の国籍を有する者の住民票の住所欄で表記が異なる場合は，住民基本台帳事務処理要領「第 2 - 1 - (2) - キ」の方法に準じて統一することが望ましい。
　　また，住所を定めた年月日は，空欄とする。

第2　参考資料

(6) 住所を定めた旨の届出の年月日（職権で記載した場合にはその年月日）及び従前の住所（法第7条第8号）
　　施行日を記載する。
　　また，従前の住所は，空欄とする。

仮住民票事務処理要領
第9－5
5　仮住民票の住民票への移行
　　仮住民票は，施行日において住民票となる（法附則第4条第1項）。その際，外国人住民となった年月日に代えて，施行日を記載する（法附則第6条）。作成の事由として「法附則第4条第1項により作成」と備考欄に記入することが適当である。
　　また，施行日時点で住民票に通称が記載されている場合にあっては，施行日において，通称の記載及び削除に関する事項として，通称を記載した年月日（施行日）及び記載した市町村名を記載する。
　　施行日において，世帯を単位とする住民票を作成している市町村長は，外国人住民と日本の国籍を有する者との複数国籍世帯については，施行日以後世帯を単位とする住民票に外国人住民の記載をするために必要な期間に限り，個人を単位とする外国人住民に係る住民票と世帯を単位とする日本の国籍を有する者に係る住民票を世帯ごとに編成して，住民基本台帳を作成することをもって，世帯を単位とする住民票の作成に代えることができる（法附則第4条第3項）。

Q53
事務処理要領
第2－2－(2)－ア－(ア), (カ)
　(ア)　出生届に基づく記載
　　　住民票を作成し，又は出生をした者に係る世帯の住民票にその者の記載をする。ただし，外国人として出生した者については，出生した日から60日を経過していない場合に限る。
　(カ)　職権で戸籍の記載又は記録をした場合及び法第9条第2項の規定による通知を受けた場合においては，(ア)から(オ)までの例により住民票を処理する。

Q54

事務処理要領

第2-2-(2)-ア-(エ)，(カ)

(エ) 国籍喪失届又は国籍喪失報告に基づく記載及び消除（令第8条の2）

　国籍を喪失した日から60日を経過していない場合には，国籍を喪失した者の外国人住民としての住民票を作成し，又はその者に係る世帯の住民票に法第30条の45に規定する事項を記載するとともに，日本人住民としての住民票（世帯票が作成されている場合にあってはその住民票の全部又は一部）を消除する。その事由（国籍喪失）及びその事由の生じた年月日をそれぞれに記入する。

(カ) 職権で戸籍の記載又は記録をした場合及び法第9条第2項の規定による通知を受けた場合においては，(ア)から(オ)までの例により住民票を処理する。

Q55

事務処理要領

第2-2-(2)-ア-(イ)

(イ) 帰化届又は国籍取得届に基づく記載及び消除（令第8条の2）

　帰化をした者若しくは国籍を取得した者の日本人住民としての住民票を作成し，又はその者に係る世帯の住民票に法第7条に規定する事項を記載するとともに，外国人住民としての住民票（世帯票が作成されている場合にあってはその住民票の全部又は一部）を消除する。その事由（帰化又は国籍取得）及びその事由の生じた年月日をそれぞれに記入する。

事務処理要領

第3-1-(2)-エ

エ　住所を定めた年月日（第4号）

　ウと同じく戸籍の届出又は住所地市町村長からの住所変更に関する通知等によって出生の年月日又は当該住所に転入，転居等をした年月日について記載をする。

　ただし，外国人住民が日本の国籍を有することとなった場合における住所を定めた年月日については，外国人住民に係る住民票に記載された外国人住民となった年月日を記載する。

　なお，転居後に日本の国籍を有することとなった場合には，外国人住民に係

第2　参考資料

る住民票に記載された住所を定めた年月日を記載する。

平成25年3月15日総行外第6号通知
「外国人住民に係る住民基本台帳ネットワークシステムの適用に関する質疑応答について」
（問9）　適用日以後の帰化若しくは国籍取得又は国籍喪失により，住民票の記載及び消除を行う場合の本人確認の異動事由及び異動日はどのように設定すべきか。
（答）　異動事由については，「職権消除等」及び「職権記載等」となり，この順に本人確認情報の通知を行います。また，異動日については，帰化又は国籍取得の場合，帰化の告示日又は国籍取得日を，国籍喪失の場合，国籍喪失日を設定すべきであると考えます。

Q56
事務処理要領
第2－1－(2)－カ，ク
カ　住民となった年月日（法第7条第6号）
　日本の国籍を有する者について，同一市町村内（指定都市にあっては，その市）に引き続き住むようになった最初の年月日を記載する。ただし，外国人住民が日本の国籍を有することとなった場合における住民となった年月日については，外国人住民に係る住民票に記載された外国人住民となった年月日を記載する。
　市町村の廃置分合または境界変更があったときは，その処分前の市町村の区域内に最初に住所を定めた年月日をそのままとし，その処分により修正すべきではない。
ク　住所を定めた年月日（法第7条第7号）
　一の市町村の区域内において転居をした者については，現在の住所に転居をした年月日を記載する。転居をしたことのない者については，記載をする必要はない。

Q57

事務処理要領

第2-2-(2)-ア-(ウ),(カ)

(ウ) 死亡届または失踪宣告届に基づく消除

消除の事由（死亡または失踪宣告）およびその事由の生じた年月日を記入したうえ，消除する。

(カ) 職権で戸籍の記載又は記録をした場合及び法第9条第2項の規定による通知を受けた場合においては，(ア)から(オ)までの例により住民票を処理する。

Q61

「出入（帰）国記録等に係る照会に当たっての留意事項」（法務省入国管理局）
198，199頁参照

Q68

事務処理要領

第2-2-(1)-オ-(ア)

(ア) 転出届があったときは，たとえば次の例により消除の事由（転出），転出先の住所および転出の予定年月日を「〇年〇月〇日　　へ転出（予定）」等の例により記入し，転出の予定年月日に消除する。

Q75

事務処理要領

第2-2-(2)-ア-(キ)

(キ) 法第30条の50の規定による法務大臣からの通知に基づく処理（令第30条の31）

法務大臣からの通知があった場合においては，住民票の消除又は記載の修正をし，通知の事由（氏名変更，在留資格変更許可等）及びその事由の生じた年月日を記入する等住民票についての処理経過を明らかにする事項を備考として記入する。ただし，特別永住者に係る住民票の記載の修正（入管特例法第5条第2項の規定に基づく許可により，新たに特別永住者となった旨の住民票の記載の修正を除く。）については，特別永住者証明書を交付したときに住民票の記載の修正を行うものとする。法務大臣からの通知は，おおむね，次のとおりである。（表：省略）

第2　参考資料

なお，外国人住民の住民票に記載された在留期間の満了の日等が経過した場合，法務大臣からの通知により外国人住民でなくなったことを確認のうえ，住民票の消除をするものとする。

Q81
事務処理要領
第1－6
6　入管法及び入管特例法との関係

外国人住民のうち，中長期在留者等の住民票の記載事項中本人の氏名，出生の年月日，男女の別，国籍・地域（法第30条の45に規定する国籍等をいう。以下同じ。）及び法第30条の45の表の下欄に掲げる事項は，入管法及び入管特例法に基づき中長期在留者等に交付された在留カード等の記載と一致しなければならない。

このため，法務大臣は，入管法及び入管特例法に定める事務を管理し，又は執行するに当たって，外国人住民の氏名，出生の年月日，男女の別，国籍・地域及び法第30条の45の表の下欄に掲げる事項に変更があったこと又は誤りがあることを知ったときは，遅滞なく，その旨を当該外国人住民が記録されている住民基本台帳を備える市町村の市町村長に通知しなければならないこととされている（法第30条の50）。

Q82
事務処理要領
第2－1－(2)－ア
ア　氏名（法第7条第1号）

日本の国籍を有する者については，戸籍に記載又は記録がされている氏名を記載（字体も同一にする。）する。世帯票の場合には，氏を同じくする世帯員が数人いる場合であっても，氏を省略することなく氏名を記載する。本籍のない者又は本籍の不明な者については，日常使用している氏名を記載する。

外国人住民のうち，中長期在留者等については，在留カード等に記載されている氏名を記載する。

なお，出入国港において在留カードを交付されなかった中長期在留者にあっては，後日在留カードを交付する旨の記載がされた旅券のローマ字表記の氏名を記載する。

出生による経過滞在者又は国籍喪失による経過滞在者については，出生届，国籍喪失届又は国籍喪失報告に付記されているローマ字表記の氏名を記載する。ただし，これら戸籍の届出書等にローマ字表記の氏名の付記がない場合，住民票の氏名については同届出書等に記載されたカタカナ又は漢字による表記の氏名を記載する。なお，これら経過滞在者が後日在留資格を取得した等として，法務大臣からの通知がなされた場合において，同通知上の氏名が異なっているときは，同通知に基づき氏名の記載を修正する。

非漢字圏の外国人住民について，印鑑登録証明に係る事務処理上氏名のカタカナ表記を必要とする場合には，これを備考として記入することが適当である。(以下中略)

また，氏名には，できるだけふりがなを付すことが適当である。その場合には，住民の確認を得る等の方法により，誤りのないように留意しなければならない。

外国人住民のローマ字表記の氏名には，ふりがなを付さなくても差し支えない。

平成 24 年 10 月 29 日事務連絡
「外国人住民に係る住民基本台帳事務の取扱いについて」
(問2) 外国人住民による国外からの転入の際に，後日在留カードを交付する旨の記載がされた旅券の提示があり，当該旅券の氏名に，カンマ，ピリオド，ハイフンが記載されている場合，住民票の氏名の記載はどのようにすべきか。
(答) 当該旅券に記載された氏名の記号については，法務省において後日交付される在留カードにおいては空欄にして記載されることとなるため，住民票の氏名においても，同様に取扱うことが適当である。

Q83
事務処理要領
第2-1-(2)-ア
Q82参照

第2　参考資料

Q85
事務処理要領

第2－1－(2)－ア，イ，テ

ア　氏名（法第7条第1号）

　　（略）出生による経過滞在者又は国籍喪失による経過滞在者については，出生届，国籍喪失届又は国籍喪失報告に付記されているローマ字表記の氏名を記載する。ただし，これら戸籍の届出等にローマ字表記の氏名の付記がない場合，住民票の氏名については同届出書等に記載されたカタカナ又は漢字による表記の氏名を記載する。なお，これら経過滞在者が後日在留資格を取得した等として，法務大臣からの通知がなされた場合において，同通知上の氏名が異なっているときは，同通知に基づき氏名の記載を修正する。（以下省略）

イ　出生の年月日（法第7条第2号）

　　（略）外国人住民のうち，中長期在留者等にあっては，在留カード等に記載されている生年月日を記載する。出生による経過滞在者又は国籍喪失による経過滞在者にあっては，出生届，国籍喪失届又は国籍喪失報告に記載された出生の年月日に基づいて西暦により記載する。なお，「2000年10月10日」を「2000.10.10」と略記することは差し支えない。

テ　国籍・地域（法第30条の45）

　　在留カード等に記載されている国籍・地域を記載する（無国籍を含む。）。なお，出生による経過滞在者の国籍・地域欄については空欄とし，後日在留資格を取得した等として，法務大臣からの通知がなされた場合には，同通知に基づき職権で国籍・地域の記載の修正を行う。また，国籍喪失による経過滞在者の国籍・地域については，国籍喪失届や国籍喪失報告の記載を確認し，職権で国籍・地域の記載を行う。

事務処理要領

第2－1－(2)－ナ－(オ)

(オ)　出生による経過滞在者

　　　出生による経過滞在者であることについて記載するが，法第30条の45の表の上欄に掲げる者の区分に応じた欄を設け符号により記載する方法でも差し支えない。

　　　なお，出生した日から60日を経過する年月日を備考として記入することが適当である。

第 2　参考資料

Q88 ～ Q90
事務処理要領
第 2 − 1 −(2)− ア
Q82 参照

Q91
事務処理要領
第 2 − 1 −(2)− イ
Q85 参照

Q97
事務処理要領
第 2 − 2 −(2)− サ −(ｱ)

サ　通称の記載及び削除の申出があった場合の住民票の処理（令第 30 条の 26）

(ｱ)　通称については，外国人住民から通称の記載を求める申出書の提出があった場合において，当該申出のあった呼称を住民票に記載することが居住関係の公証のために必要であると認められるときは記載しなければならない。

　　住民票に通称の記載を求めようとする外国人住民に対し，次に掲げる事項を記載した申出書を提出させるとともに，住民票への記載を求めようとする呼称が居住関係の公証のために住民票に記載されることが必要であることを証するに足りる資料を提示させなければならない（令第 30 条の 26 第 1 項，第 2 項，規則第 45 条）。

A　通称として記載を求める呼称
B　氏名
C　住所
D　住民票コード又は出生の年月日及び男女の別
E　通称として記載を求める呼称が国内における社会生活上通用していることその他の居住関係の公証のために住民票に記載されることが必要であると認められる事由の説明

　　通称の住民票への記載に当たっては，国内における社会生活上通用していることが客観的に明らかとなる資料等の提示を複数求める等により，厳格に確認を行う。

　　なお，①出生により，日本の国籍を有する親の氏若しくは通称が住民票に

211

第2　参考資料

記載されている外国人住民である親の通称の氏を申し出る場合，②日系の外国人住民が氏名の日本式氏名部分を申し出る場合又は③婚姻等身分行為により，相手方の日本国籍を有する者の氏若しくは通称が住民票に記載されている外国人住民である相手方の通称の氏を申し出る場合にあっては，国内における社会生活上通用していることの確認に代えて，親や身分行為の相手方等の氏名又は通称の氏等の確認を行うことで差し支えない。

Q98
事務処理要領
第2－2－(2)－サ－(ア)
Q97参照

平成24年4月4日総行住第37号通知
「外国人住民に係る住民基本台帳事務に関する質疑応答について」
(問2)　令第30条の26第1項に規定する「当該呼称が居住関係の公証のために住民票に記載されることが必要であることを証するに足りる資料」とはどのようなものか。
(答)　「国内における社会生活上通用していることが客観的に明らかとなる資料」であり，勤務先又は学校等の発行する身分証明書等が想定される少なくとも，本人の意思により作成したと認められる資料等は適当でない。（以下省略）

Q100
事務処理要領
第2－2－(2)－サ－(ア)
Q97参照

平成24年10月29日事務連絡
「外国人住民に係る住民基本台帳事務の取扱いについて」
(問4)　通称の記載を求める申出について，親や身分行為の相手方の氏と本名と異なる名を組み合わせた呼称の申出を行う場合，当該本名と異なる名の部分について，国内における社会生活上通用していることの確認が必要となるか。
(答)　親や身分行為の相手方の氏（親や身分行為の相手方が外国人住民である場合の通称の氏を含む。）を使用した通称をはじめて申し出る場合においては，

当該氏の確認を行ったのであれば、名に当たる部分については、別途国内における社会生活上通用していることの確認を行う必要はない。(以下省略)

Q111
平成24年4月4日総行住第37号通知
「外国人住民に係る住民基本台帳事務に関する質疑応答について」
(問5)　通称として使用できる文字は日本人が戸籍に記載することのできる文字であって、簡体字、繁体字、ローマ字等の外国の文字、誤字、俗字又は記号を通称に使用する文字として記載することは認められないと考えるがどうか。
(答)　お見込みのとおり。
　なお、日本の国籍を有する親や身分行為の相手方等の氏に俗字が用いられており、当該文字を使用して通称として住民票に記載を求めることが確認できる場合には、当該俗字を使用して住民票の通称として記載しても差し支えない。

Q115
事務処理要領
第2－2－(2)－サ－(ア)
Q97参照

Q120
事務処理要領
第2－5－(1)
(1)　住民票の改製 (令第16条)
　住民票は汚損したとき、消除又は修正された記載事項の多いとき等市町村長が必要と認めるときは、いつでも改製することができる。
　また、市町村長は、事務処理の合理化を図る見地より、住民票の様式又は規格等を変更し、全部の住民票を改製することももとより差し支えない。
ア　新住民票に旧住民票の改製をする時点において、有効な記載事項のみを移記すれば足り、すでに修正または消除された事項は移記することを要しない。
　国民健康保険、後期高齢者医療、介護保険または国民年金の被保険者の資格喪失年月日についても移記を省略してもよい。(以下省略)

第2　参考資料

Q121

平成25年11月15日総行外第18号通知
「住民基本台帳事務における通称の記載（変更）における留意事項について」
2．既存の通称を削除し，新たな通称を記載すること（いわゆる変更）は原則として認められないこと

　　通称とは，「氏名以外の呼称であって，国内における社会生活上通用していることその他の事由により居住関係の公証のために住民票に記載することが必要であると認められるもの」である（住民基本台帳法施行令第30条の26第1項）。従って，ひとたび社会生活上通用しているとされた通称が変わるということは通常は想定されないものであり，原則として認められないものである。

　　なお，日本人が戸籍の氏名を変更する場合でも，家庭裁判所の許可が必要である等，厳格な取扱いとなっている点にもご留意いただきたい。

Q127

事務処理要領

第2－1－(2)－ニ－(ウ)

(ウ)　なお，通称には，できるだけふりがなを付すことが適当である。
　　その場合には，住民の確認を得る等の方法により，誤りのないように留意しなければならない。

Q132

事務処理要領

第2－2－(2)－サ－(オ)

(オ)　通称の記載及び削除の申出については，現に申出の任に当たっている者に対して，本人であるかどうかを確認するため，書類の提示若しくは提出又は説明を求めるものとする（令第30条の26第6項）。

　　また，現に申出の任に当たっている者が申出者の代理人又は使者であるとき（同一の世帯に属する者を除く。）は，申出の任に当たっている者に対し，申出者の依頼により又は法令の規定により当該申出の任に当たるものであることを明らかにする書類の提示若しくは提出又は説明を求めるものとする（令第30条の26第6項）。

　　この場合において，第4－2－(2)－アに準じて本人確認を行い，第4－2－(2)－イに準じてその権限を明らかにさせる。

Q133
平成 24 年 4 月 4 日総行住第 37 号通知
「外国人住民に係る住民基本台帳事務に関する質疑応答について」
（問6） 住民票に通称の記載がある外国人住民から，通称の記載を省略した住民票記載事項証明書の請求があった場合であっても，住民票の写しの場合と同様，氏名と通称を併せて記載した上で交付すべきか。
（答） お見込みのとおり。

Q134
事務処理要領
第 1 - 6
Q81 参照

Q136
事務処理要領
第 2 - 4 -(5)
(5) 消除した住民票の写し等の交付
　　既に住民票の全部が消除された住民票については，その写し又は記載をした事項に関する証明書の交付の請求又は申出については，住民票に準じて取り扱うことが適当であるが，住所地市町村長以外の市町村長に対する交付の請求又は申出については応じる必要はない。

Q140
事務処理要領
第 2 - 4 -(1) - ① - イ -(イ), (ケ)
(イ) 住民票の写しは，特別の請求がある場合を除き，次の事項は省略してもよい。
　A　日本の国籍を有する者にあっては，法第 7 条第 4 号，第 5 号及び第 8 号の 2 から第 14 号までに掲げる事項の全部又は一部
　B　外国人住民にあっては，法第 7 条第 4 号，第 8 号の 2 及び第 10 号から第 14 号（通称を除く。）までに掲げる事項，国籍・地域並びに法第 30 条の 45 の表の下欄に掲げる事項の全部又は一部
　C　法第 7 条に規定する記載事項以外の事項
　D　消除された従前の表示

215

第2　参考資料

(ケ)　住民票の写しの交付の請求があった場合においても，その請求事由等から住民票記載事項証明書によって十分その目的が達成できると判断される場合にあっては，請求者の了解を得た上でできるだけ住民票記載事項証明書により対処することが適当である。

事務処理要領
第2－4－(1)－①－ア－(オ),(カ)
(オ)　自己又は自己と同一の世帯に属する者に係る住民票コードを記載した住民票の写し等の交付請求については，住民票コードには，法第30条の37及び第30条の38において，告知要求の制限，利用制限等に係る規定が設けられ，秘密保持義務によって保護されていること等から，住民票コードを記載した住民票の写し等の交付に当たっては，慎重に取り扱うことが適当であり，本人又は本人と同一の世帯に属する者の請求により，これらの者に対してのみ交付することが適当である。ただし，同一の世帯に属する者以外の代理人（法定代理人，任意代理人の別を問わない）であっても，(ウ)により，代理権限を有することが確認できる書類を付して請求を行うことができる。この場合，住民票コードの性格にかんがみ，代理人に対して直接交付することは行わず，請求者本人の住所あてに郵便等（郵便又は民間事業者による信書の送達に関する法律（平成14年法律第99号）第2条第6項に規定する一般信書便事業者若しくは同条第9項に規定する特定信書便事業者による同条第2項に規定する信書便をいう。以下同じ。）により送付する方法が適当である。

(カ)　自己又は自己と同一の世帯に属する者に係る個人番号を記載した住民票の写し等の交付請求については，個人番号には，番号利用法第15条及び第19条において，提供の求めの制限，提供の制限等に係る規定が設けられていること等から，これらの規定に抵触するおそれがある場合は，個人番号の記載を省略した住民票の写しを交付することとするとともに本人又は本人と同一の世帯に属する者の請求により，これらの者に対してのみ交付することが適当である。ただし，同一の世帯に属する者以外の代理人（法定代理人，任意代理人の別を問わない）であっても，(ウ)により，代理権限を有することが確認できる書類を付して請求を行うことができる。この場合，個人番号の性格にかんがみ，代理人に対して直接交付することは行わず，請求者本人の住所あてに郵便等により送付する方法が適当である。

Q147

平成 25 年 3 月 15 日総行外第 6 号通知
「外国人住民に係る住民基本台帳ネットワークシステムの適用に関する質疑応答について」
(本人確認情報の利用について)

(問7) 外国人住民の本人確認情報に通称のふりがなは含まれるのか。

(答) 通称にふりがなを付した場合,通称の一部となります。

(問8) 外国人住民の氏名又は通称のふりがなの訂正で本人確認情報の更新は行うのか。

(答) これらのふりがなの修正はそれだけで本人確認情報の変更として通知する取り扱いとはせず,転入,転居等他の本人確認情報の通知を行う場合に最新のふりがなを通知する取扱いとして差し支えありません。

窓口業務のすすめ
Ｑ＆Ａ外国人住民基本台帳事務

定価：本体 2,600 円（税別）

平成30年4月25日　初版発行

編著者　　市町村自治研究会

発行者　　和　田　　　裕

発行所　日本加除出版株式会社

本　　社　郵便番号 171-8516
　　　　　東京都豊島区南長崎 3 丁目 16 番 6 号
　　　　　ＴＥＬ　（03）3953-5757（代表）
　　　　　　　　　（03）3952-5759（編集）
　　　　　ＦＡＸ　（03）3953-5772
　　　　　ＵＲＬ　http://www.kajo.co.jp/

営業部　　郵便番号 171-8516
　　　　　東京都豊島区南長崎 3 丁目 16 番 6 号
　　　　　ＴＥＬ　（03）3953-5642
　　　　　ＦＡＸ　（03）3953-2061

組版・印刷　㈱亨有堂印刷所　／　製本　牧製本印刷㈱

落丁本・乱丁本は本社でお取替えいたします。
©2018
Printed in Japan
ISBN978-4-8178-4468-2　C2032　¥2600E

JCOPY　〈出版者著作権管理機構　委託出版物〉

本書を無断で複写複製（電子化を含む）することは、著作権法上の例外を除き、禁じられています。複写される場合は、そのつど事前に出版者著作権管理機構（JCOPY）の許諾を得てください。
また本書を代行業者等の第三者に依頼してスキャンやデジタル化することは、たとえ個人や家庭内での利用であっても一切認められておりません。

〈JCOPY〉　ＨＰ：http://www.jcopy.or.jp，e-mail：info@jcopy.or.jp
　　　　　電話：03-3513-6969，ＦＡＸ：03-3513-6979

平成29年度 住民基本台帳六法
法令編／通知・実例編

市町村自治研究会 監修
2017年10月刊 A5判上製箱入(二巻組) 2,584頁 本体7,400円+税 978-4-8178-4434-7

- 平成29年9月12日内容現在を収録した最新版。マイナンバー制度関連の法令・通知を網羅。「法令編」においては、住民基本台帳法事務に関連する法令等の改正内容を反映させたほか、必要法令を追加収録。「通知・実例編」においては、改正に関する内容を漏れなく反映。

商品番号：50002
略　号：29住基

注解・判例 出入国管理実務六法
平成30年版

出入国管理法令研究会 編
2017年11月刊 A5判上製箱入 1,580頁 本体5,600円+税 978-4-8178-4436-1

- 関連する約180本の法令・訓令、条約等を集約。基本法令には、参照条文、逐条解説及び参考判例要旨を付した、この分野では唯一の法令集。
- 在留資格「介護」の創設や偽装滞在者対策の強化が盛り込まれた入管法改正、平成29年11月1日施行の技能実習法等を反映した最新版。

商品番号：50003
略　号：30入管

自治体担当者のための
外国人住民基本台帳事務Q&A集

市町村自治研究会 編著
2016年3月刊 A5判 200頁 本体2,000円+税 978-4-8178-4294-7

- 「通知カード・マイナンバーカード」の内容を登載。実務の疑問について詳細に解説。容易に検索できるようQ&Aを項目別に整理・分類。
- 外国人住民に係る「通知カード・マイナンバーカード」等の取扱いについても収録。

商品番号：40619
略　号：自外住

Q&A 外国人住民に係る
住民基本台帳制度

市町村自治研究会 編著
2014年2月刊 A5判 176頁 本体1,800円+税 978-4-8178-4138-4

- 制度施行から現在に至るまでに蓄積された、全国の市町村役場からの疑問等を一冊に集約。
- スムーズな対応ができるよう、Q&Aを事項別に整理・分類。
- 各設問では、実務的な視点に基づき丁寧に解説。

商品番号：40539
略　号：Q外住

日本加除出版
〒171-8516　東京都豊島区南長崎3丁目16番6号
TEL (03)3953-5642　FAX (03)3953-2061 (営業部)
http://www.kajo.co.jp／